从伽利略谈机械发明

刘枫　主编

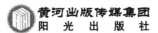

黄河出版传媒集团
阳光出版社

图书在版编目（CIP）数据

从伽利略谈机械发明 / 刘枫主编 .—— 银川：阳光
出版社，2016.7（2022.05重印）
（站在巨人肩上）
ISBN 978-7-5525-2788-9

Ⅰ.①从… Ⅱ.①刘… Ⅲ.①伽利略，G.（1564–
1642）– 生平事迹 – 青少年读物②机械工业 – 青少年读
物 Ⅳ.① K835.466.1–49② TH–49

中国版本图书馆 CIP 数据核字 (2016) 第 181562 号

站在巨人肩上 从伽利略谈机械发明   刘枫 主编

责任编辑   徐文佳
封面设计   瑞知堂文化
责任印制   岳建宁

黄河出版传媒集团
阳 光 出 版 社   出版发行

地   址   宁夏银川市北京东路139号出版大厦 （750001）
网   址   http://www.ygchbs.com
网上书店   http://shop129132959.taobao.com
电子信箱   yangguangchubanshe@163.com
邮购电话   0951-5047283
经   销   全国新华书店
印刷装订   天津兴湘印务有限公司
印刷委托书号   （宁）0020162

开   本   710 mm × 1000 mm   1/16
印   张   9.5
字   数   152千字
版   次   2016年7月第1版
印   次   2022年5月第2次印刷
书   号   ISBN 978-7-5525-2788-9
定   价   35.80元

前　言

　　哲人培根说过："读史使人睿智。"是的，历史蕴含着经验与真知。

　　科学的发展是一个漫长的过程，一代又一代的科学家曾为之不懈努力，这里面不仅有着艰辛的探索、曲折的经历和动人的故事，还有成功与失败、欢乐与悲伤，甚至还饱含着血和泪。其中蕴含的人文精神，堪称人类科技文明发展过程中最宝贵的财富。

　　本系列丛书共30本，每本以学科发展状况为主脉，穿插为此学科发展做出重大贡献的一些杰出科学家的动人事迹，旨在从文化角度阐述科学，突出其中的科学内核和人文理念，提升读者的科学素养。

　　为了使本系列丛书有一定的收藏性和视觉效果，书中还汇集了大量的珍贵图片，使昔日世界的重要场景尽呈读者眼前，向广大读者敬献一套图文并茂的科普读本。

　　由于编者水平有限，加之时间仓促，疏误之处在所难免，敬请广大读者批评指正。

编者

目　录

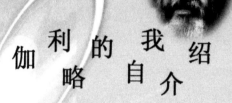

伽利略的我自介绍

生活犹如铁砧，愈被敲打，愈能发出火花。

——伽利略

名句箴言

自我介绍

我是伽利略，1564 年 2 月 15 日生于比萨一个乐师和数学家之家，从小爱好机械、数学、音乐和诗画，喜欢做水磨、风车、船舶模型。17 岁时虽遵父命入比萨大学学医，但却不顾教授们反对独自钻研图书馆中的古籍和进行实验。1582 年冬，托斯卡纳公爵的年轻数学教师里奇允许我旁听，使我进入了一个全新的世界。里奇擅长的是应用力学

比萨大学

与应用数学,他用生动的讲课引导我学习水力学、建筑学和工程技术及进行实验,在此期间我如饥似渴地读了许多古代数学与哲学书籍,阿基米德的数学与实验相结合的方法使我深受感染,因此我常对别人说:"阿基米德是我的老师。"

我对周围世界的多种多样的运动特别感兴趣,但我发现运动的问题这么古老,有意义的研究竟如此可怜。我的学生维维安尼在《伽利略传》中记述了1583年19岁的我在比萨大教堂的情景:

"他以特有的好奇心和敏锐性,注视悬挂在教堂最顶端的大吊灯的运动——它的摆动时间在沿大弧、中弧和小弧摆动时是否相同……当大吊灯有规律地摆动时……他利用自己脉搏的跳动和自己擅长并熟练运用的音乐节拍……测算，他清楚地得出结论：时间完全一样。他对此仍不满足，回家以后……用两根同样长的线绳各系上一个铅球做自由摆动……他把两个摆拉到偏离竖直线不同的角度，例如 30° 和 10°，然后同时放手。在同伴的协助下，他看到无论沿长弧和短弧摆动，两个摆在同一时间间隔内的摆动次数准确相等。他又另外做了两个相似的摆，只是摆长不同。他发现短摆摆动 300 次时，长摆摆动 40 次（均在大角度情况下），在其他摆动角度（如小角度）下它们各自的摆动次数在同一时间间隔内与大角度时完全相同，并且多次重复仍然如此……他由此得出结论，看来无论对于重物体的快摆动还是轻物体的慢摆动，空气的阻力几乎不起作用，摆长一定的单摆周期是相同的，与摆幅大小无关。他还看到，摆球的绝对重量或相对比重的大小都引不起周期的明显改变……只要不专门挑选最轻的材料制作摆球，因为材料太轻摆球会由于空气阻力太大而很快静止下来。"

对于偶然机遇下的发现，我不但做了多次实测，还考虑到振幅、周期、绳长、阻力、重量、材料等因素，我还利用绳长的调节和标度做成了第一件实用仪器——脉搏计。

1585 年，因家境贫困我被迫退学并回到佛罗伦萨，在佛罗伦萨我担任了家庭教师，同时努力自学。后来从学习阿基米德《论浮体》及杠杆定律和称金冠的故事中得到启示，我自己用简单的演示证明了一定质量的物体受到的浮力与物体的形状无关，只与比重有关。我利用纯金、银的重量与体积列表后刻在秤上，用待测合金制品去称量时就能快速读出金银的成色，这种"浮力天平"用于金银交易十分方便。1586 年我写了第一篇论文《小天平》记述这一小制作。1589 年我又结合数学计算和实验写了关于几种固体重心计算法的论文。这些成就使我于 1589 年被聘为比萨大学教授，1592 年起我移居到威尼斯任帕多瓦大学教授，开始了我一生的黄金时代。

在帕多瓦大学，为了帮助医生测定病人的热度，我制作了第一个温度计，这是一种开放式的液体温度计，利用带色的水或酒精作为测温物质，这实际上是温度计与气压计的雏形，利用气体的热胀冷缩性质通过含

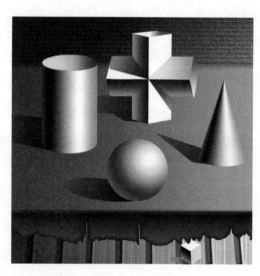

几何图形

液玻璃管把温度作为一种客观物理量来测量。

伽利略的自我介绍

我一直坚信："神奇的艺术蕴藏在琐细和幼稚的事物中,致力于伟大的发明要从最微贱的开始。"我深深懂得,只要一次实验得到确证,就足以推翻所有可能的理由。

我认真读过亚里士多德的《物理学》等著作,认为其中许多是错误的。我反对屈从于亚里士多德的权威,并且鄙视那些"坚持亚里士多德的一词一句"的书呆子,我认为那些只会背诵别人词句的人不能叫哲学家,而只能叫"记忆学家"或"背诵博士"。我还认为世界乃是一本打开的活书,真正的哲学是写在那本经常在我们眼前打开着的最伟大的书里,这本书是用各种几何图形和数学文字写成的。

我从小好问,好与师友争辩。我主张"不要靠老师的威望而是靠争辩"来满足自己理智的要求。我反对一切不合理的传统,例如我在比萨大学任教时就坚决反对教授必须穿长袍的旧规,并在学生中传播反对穿长袍的讽刺诗。我深信哥白尼学说的正确,对于那些认为天体不变的人,那些大捧特捧不灭不变等等的人,我认为只是由于他们渴望永远活下去和害怕死亡。

我依靠工匠们的实践经验与数学理论的结合以及自己敏锐的观察和大量的实验成果,通过雄辩和事实粉碎了教会支持的亚里士多德和托勒密思想体系 2000 多年来对科学的禁锢,在运动理论方面奠立了科学力学的基石(如速度、加速度的引入,相对性原理、惯性定律、落体定律、摆的等时性、运动叠加原理等),而且闯出了一条实验、逻辑思维与数学理论相结合的新路。

　　我在帕多瓦自己的家中开办了一个仪器作坊,成批生产各种科学仪器与工具,并利用它们亲自进行实验。1609年7月,听说荷兰有人发明了供人玩赏的望远镜后,8月,我就根据传闻及折射现象,找到铅管和平凸及平凹透镜,制成第一台3倍望远镜,20天后改进为9倍,并在威尼斯的圣马克广场最高塔楼顶层展出数日,轰动一时。11月,我又制成20倍望远镜并用来观察天象,看到"月明如镜"的月球上竟是凸凹不平,山峦迭起。我还系统

太阳黑子

观察木星的4颗卫星。1610年我将望远镜放大倍数提高到33倍,同年3月发表《星空信使》一书,总结了我的观察成果并用来有力地驳斥地心说。

　　我通过望远镜测得太阳黑子的周期性变化与金星的盈亏变化,并看到银河中有无数恒星,这有力地宣传了日

心说。

1615 年,我受到敌对势力的控告,虽几经努力,力图挽回局面,但 1616 年教皇还是下了禁令,禁止我以口头或文字的形式传授或宣传日心说。以后我表面上在禁令下生活,实际上写出了《关于托勒密和哥白尼两大世界体系的对话》一书来为哥白尼辩护。该书于 1632 年出版,当年秋我就遭到严刑下的审讯。1633 年 6 月 22 日我被迫在悔过书上签字,随后被终身软禁。在软禁期间我又写了《关于两门新科学的对话与数学证明对话集》一书,该书于 1638 年在荷兰莱顿出版。

16世纪下半叶,欧洲开始由封建社会向资本主义社会转变。在思想领域,亚里士多德的传统学说被视若神明,继续统治着人类。在科学与神学斗争的关键时刻,意大利物理学家、天文学家伽利里奥·伽利略第一个站出来反对亚里士多德的传统思想、保卫哥白尼日心说、向神学挑战。

1564年2月15日,伽利略出生在意大利的比萨城。他的父亲是一个没落贵族,有很高的文化修养并且通晓数学。受家庭的熏陶,伽利略从小就聪明好学,多才多艺。1581年,父亲把他送进比萨大学医学系,希望他长大后当一名医生,然而伽利略并不喜欢医学,他偏爱数学和物理学,对所学的医学课程一点也不感兴趣。

亚里士多德

伽利略的自我介绍

进入比萨大学不久，伽利略因为爱提各种刁钻古怪的问题而闻名。有些老师不喜欢他，因为对他们来说，伽利略太聪明了，提出的很多问题令他们也无言以对。对于书本上和老师们传授的亚里士多德的学说，伽利略就持有自己的见解："有些老师讲的话不对，他们说亚里士多德永远是正确的，可是亚里士多德生活在 2000 年以前。从那时起，许多事物已经发生了变化。"

他常这样和老师们辩论，并希望有一天能用实验来证明自己的观点。

比萨城里有座教堂，每当他迈进这座神圣的教堂的时候，就会不自觉地被那镶嵌在四周墙壁上的雕刻和绘画所吸引。这些珍贵的艺术品都是当初建造教堂的时候从古希腊和古罗马运来的。虽然伽利略不是一个虔诚的艺术家，但他却非常喜欢这些雕刻和绘画。教堂里也很安静，便于他思考问题。

一天，伽利略来到教堂，他坐在一条长凳上静静地思考着，突然一阵风从敞开的窗户吹了进来，他注意到屋顶的吊灯被吹得左右摆动起来，吊灯的晃动是那么的和谐，伽利略抬头都看得入迷了。

"真奇怪！怎么每次摆动的时间好像都一样?"

伽利略用力推了一下灯，再仔细观察。一开始灯以一个很大的弧度摆动,慢慢地弧度变得小些了,摆动的速度也越来越慢。他联想起老师说的"脉搏跳动的次数是稳定均匀的"这句话,用右手按住左手的脉搏,心中默数吊灯摆动和脉搏跳动的次数。结果发现,不论吊灯摆动的弧度多大,每次摆动的时间总是相等。就这样,伽利略从教堂摇晃的吊灯上得到了灵感,钟摆具有等时性,但是他并没有轻易地下结论。他想:"如果不是自己的感觉欺骗了自己,就是亚里士多德的记述错了。亚里士多德曾经说过摆经过一个短弧要比经过长弧快些。"

从教堂出来回家后,伽利略找来了各种不同重量的物体在不同长度的绳子上做试验,他想通过这种试验找到正确的答案。他狂热地投入到了一个又一个摆的实验中去,根本没想再去上什么医学课了。

为了进一步掌握摆的规律性,他用不同长度的线拴上小球悬挂在天花板上,测量这些不同长度的摆摆动的周期。经过多次实验,他得出结论:摆的周期跟摆锤的质量及材料无关,而只跟摆长的平方根成正比。这是物理学上一项重大的发现,伽利略第一次用无可辩驳的事实驳倒了亚里士多德关于摆的观点。

在医学院的学习期间,伽利略竭力强制自己去实现父亲的愿望,成为一名优秀的医生,但最后他失败了。

他想："要我假装对学医感兴趣是办不到的了。"不久，他放弃了医学学业离开了比萨大学，开始钻研起数学和物理学来了。

早在大学一年级时伽利略就学习过古希腊数学家阿基米德关于杠杆和浮体比重的原理。这项理论是阿基米德在洗澡时想出来的，当时他进入浴缸，看见浴缸中的水被排出来，因此联想到，将物体放入装满水的容器中，会有和物体相同体积的水排出来。伽利略认为用这种方法来测量物体的体积太麻烦了。一天，他偶然看到一个小孩拿石头击打水面木板上的青蛙。木板被打中向右倾时，青蛙就向左跳；向前倾时，它便向后跳。不管木板怎么摇晃，青蛙都能保持平衡。原来，青蛙懂得通过移动位置来保持木板两边的均衡。

伽利略从青蛙那里得到了灵感：重量相同的东西挂在一根杆子的两端时，杆子能保持平衡。若将其中的一方浸入水中，就无法再保持平衡了。

利用这个原理，伽利略发明了测量物体的重量和体积的仪器——水秤。而后，他又发表了数学论文《固体的重心》，这篇论文轰动了当时的学术界。凭借这篇论文，伽利略得以进入比萨大学担任数学讲师，但伽利略在比萨大学并不受欢迎，因为他竟然公开站出来向亚里士多德的学说提出挑战。

亚里士多德认为,不同重量的物体从高处下落的时候速度是不一样的,当时的人们也认同亚里士多德的观点,但是伽利略对此表示怀疑。他私下做了实验:把3颗大小不同的石头,从二楼的窗口抛下去,结果3颗石头同时到达地面,他用实践证明了亚里士多德的这些理论是不对的。当他把自己做这项实验得出的结果告诉其他教授的时候,大家都不相信。在当时的学者眼里,除了上帝,亚里士多德是绝对权威的。他们嘲笑伽利略:

"一个小小的讲师,竟敢说亚里士多德的学说是错的,简直荒唐可笑!"

尽管流言纷纷,伽利略仍然坚持自己的实验结果,不肯附和"权威"的说法。

为了让自己的理论得到学校的教授和学生的认同,伽利略计划用比萨斜塔来公开他的实验。比萨斜塔有60

比萨斜塔

米高,而且是倾斜的,从塔上放下东西,可以清楚地看到物体掉落的情形,这是再理想不过的实验场所了。

这一天中午,天气格外晴朗,广场上早就挤满了看热闹的人群,他们都互相传告着:

"听说大学里有一位老师要做一项非常奇怪的实验!"

"选在斜塔上做实验,倒是新鲜!"

围观人群中有一大半是比萨大学的学生,也有一些人是想看伽利略当众出丑的亚里士多德派的教授。一会儿,伽利略拿着两个大小不同的铁球登上塔顶。他在塔上大声解释这次实验的过程与目的:

"在我左手中有一个小铁球,重量是1磅。右手中有一个大铁球,重10磅。现在,我要把这两个铁球同时放下去。事实将证明:到底是亚里士多德的理论正确,还是我的理论正确。"

说完,他叫塔下两个学生各拿一具计时用的"滴漏计",准备记录铁球落到地面的时间。

"好,现在请各位注意看!"伽利略在塔上大声宣布。

广场上的喧哗立刻停止,每个人的眼睛都紧紧地注视这历史上重要一刻的来临。

"准备,一、二、三!"伽利略向下面的人做了一个手势,随后双手一放,两个铁球便从斜塔上笔直地垂落下来。刹那间，两个铁球同时到达地面，扬起一小撮尘沙。

"成功了！伽利略老师。"学生们冲着塔顶上的伽利略大声欢呼着。群众也议论纷纷：

"没错，是同时落地。"

"亚里士多德并非神，他的话也有错。"

"伽利略是对的，我们要相信事实。"

亚里士多德派的教授们在无可辩驳的事实面前，仍想狡辩，他们不相信亚里士多德会犯错误，竟诬陷伽利略在铁球里施了魔术。

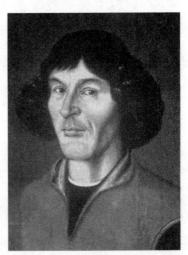

哥白尼

伽利略虽然在众人面前圆满地证明了他的"落体原理"，推翻了亚里士多德的错误说法，但是，他这种违反传统的行为，却得不到比萨大学里头脑守旧的校长和教授们的支持，他已无法在这里继续从事教学和科研活动了。于是他愤然辞去了比萨大学的教职。

幸好，伽利略当时已名扬海外，所以不久以后，他就被欧洲著名的帕多瓦大学聘为数学教授。在那里，伽利略可以自由地开展科学研究。

有一天，伽利略偶然得到一本天文学家哥白尼的著作——《天体运行论》，他对书中的许多论点十分着迷，连夜捧着书阅读。书上说："地球不是宇宙的中心，太阳才是中心，月亮、地球和其他的行星都围绕着太阳运转。"伽利略被这个说法深深震撼。因为在这以前的学者，

开普勒

像托勒密、亚里士多德等人，都认为"地球是宇宙的中心，太阳围绕着地球运转"，而且圣经上也是这样说的，因此，谁也不怀疑这样的说法。但是，这种说法有许多谜无法解开，这些谜一直困扰着伽利略，而哥白尼的说法，却把这些谜团解释得清清楚楚。当伽利略看完最后一页时，黑夜已悄悄溜走，天空已微微露出鱼肚白。伽利略兴奋得眼睛发亮，不断反问自己："真是地球在转动吗？这是真的吗？"

与此同时，德国天文学家开普勒出版了一部《新天文学》。开普勒通过大量的叙述，总结出一个结论，这个

结论就是哥白尼的太阳中心说是正确的。伽利略读完后感到非常兴奋，他越研究越倾向于哥白尼的学说，并且希望有一天自己能亲自证明哥白尼学说的正确性。

1609 年，伽利略收到荷兰一位朋友的来信，信中说一位名叫利珀希的荷兰人发现了一件奇怪的事情：如果将一块凸镜片和一块凹镜片合在一起，看到远方的景物就好像近在眼前。伽利略对这个发现很感兴趣，他想："如果用这种能放大景物的镜子观察天体，一定会比肉眼观察看到更多的东西。"于是他决定亲自制作这样一个"魔镜"。

伽利略进行了一系列的准备工作。他首先找来了所有关于透镜的材料，进行仔细的研究。伽利略知道，人们之所以能看见一个物体，是因为光线从这个物体上射到人们的眼睛里。在光线笔直的路线上，透镜能使它折射。凸透镜中间比边上厚，能使光线向里面折射；凹透

凸透镜

镜正好相反,中间比边上薄,使光线向外面折射。把凸透镜和凹透镜放在一个适当的距离上,能使物体看起来放大。

在做好了实物和理论的准备之后,伽利略开始实验。他先花费很长时间来研磨玻璃,一片一片地磨好、擦亮,直到这些玻璃完全符合他的要求为止。他把透镜做成一对一对的,一片凸透镜,一片凹透镜。然后又准备了一个双层的能滑动的管子,一头安装一片大的凸透镜,另一头安装一片小的凹透镜。当他把管子对准窗外的建筑物时,神奇的事情发生了:那个建筑物似乎近在眼前,建筑物表面上那被风吹雨淋的道道斑痕都看得一清二楚。再看那稍远些的教堂上的钟塔,也是又大又近。成功了,他使物体整整放大了9倍。

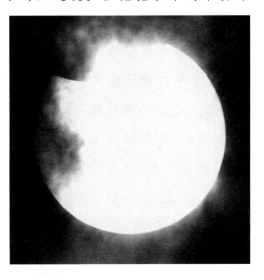

月亮

在科学探索的道路上,伽利略永不止步。1609 年的

　　整个夏天,他都在制作放大镜管。他进行反复的计算,把 透镜研磨得更加精确,放大的倍数也越来越大。1610年他又制成了能放大33倍的透镜。伽利略想给这个仪器起个更好的名字,但一时又想不出合适的字眼,直到两年以后才给它起名为"望远镜"。

　　"我终于可以看到遥远的太空了。"伽利略自言自语道。

　　1610年1月6日是天文学史上一个具有里程碑意义的日子。这一晚,天鹅绒似的夜空中繁星密布,伽利略把他研制的望远镜第一次对准了夜空。那浩瀚壮观的天文奇景令他惊愕、着迷。

　　他首先把望远镜对准了月亮,皎洁的月亮顿时变成了麻姑。在望远镜的镜头中,月亮的表面既不光滑,也不平整,既有凸起的高山,也有凹陷的深谷。这一发现,使伽利略兴奋地整整观察了一夜。此后他又连续几夜对月亮进行观察,进一步发现月亮本身并不

木星

发光。当月亮只有半边发亮时,只要注意观察就会发现,它的另半边好像不在那里,但如果使用望远镜就能看见,那似乎消失的半边有一圈很暗淡的光,好像是另外还有一个不太亮的天体,把光照射到月亮的另一面。根据计算,伽利略认为,傍晚的时候人们之所以能看见月亮,是因为地球被太阳照到的部分正好面对着月亮。就像月亮把从太阳得到的光反射给地球那样,地球也把太阳光反射给了月亮,月亮和地球本身都不发光。月亮在不断旋转,而且是绕着地球旋转。

在观察了一年月亮后,第二年,伽利略把望远镜转向了木星。通过观察他发现木星附近有 3 颗明亮的小星星,就像 3 个小月亮一样。2 颗在木星的东边,1 颗在西边。第二天晚上观看时,发现 3 颗小星星全都跑到了木星西边。过了几个晚上,木星附近

金星

出现了第 4 颗小星星。以后他又一连观察了十几个夜晚，这 4 颗小星星每天晚上都在改变自己的位置。伽利略仔细推算这 4 颗小星星运行的情形，终于得出了结论："这 4 颗小星星不是行星，而是卫星，它们像月亮绕地球赤道旋转一样，绕着木星运行。"

这项发现使伽利略欣喜若狂："黑夜，你给我们揭示了多少奇迹啊!"伽利略把他看到的有关月亮、行星及卫星的许多事实写成了一本书，书名为《星球的使者》，书中他清楚地表明，哥白尼的学说是正确的。

伽利略又把望远镜移向了金星和水星，又一奇迹出现了，原来金星和水星也不是发光的物体。他观察了好多个夜晚，看到他们都有缓慢的变化：晚上或黎明前，常常见到金星和水星离太阳很近。当它们处于太阳与地球之间的这边时，其形状不是圆的。为什么呢？因为太阳只照射在这两颗行星的表面，而地球上的人们则处在它们的背面。当这两颗行星绕到太阳另一面时，它们呈圆形，但要显得小一些，因为它们此时距离地球很远。

新的发现让伽利略兴奋异常。他说："亚里士多德派的学者们说，'月球绕地球赤道旋转，因此太阳也一定绕地球赤道旋转。'这个观点是站不住脚的。"

为了证明哥白尼的"太阳中心说"有更充分的证据，

从 1611 年起，伽利略就开始研究太阳。他通过望远镜观察后发现，太阳表面有些奇异的黑点，这些黑点缓慢地横移过太阳表面。1613 年，他在写给其他天文学家的信中谈到了"太阳黑子"。他在信中写道："太阳黑子可能是太阳表面或者太阳附近的物质，太阳待在原地慢慢地旋转，太阳黑子跟着它一起转动。"对太阳黑子移动的观察，证实了太阳是在自转。

　　伽利略通过一系列的观察，终于证明了哥白尼的理论是千真万确的：太阳是太阳系的中心，月亮绕着地球转，木星的 4 颗卫星绕着木星转，地球、木星和其他行星绕着太阳转。

　　伽利略的行为激怒了亚里士多德派的信徒们，他们联合起来向罗马宗教法庭控告伽利略：

　　"伽利略这个人太危险了，他公开支持哥白尼的学说，竟说地球中心说是错误的，可是教会一直是承认地心说的。如果对他听之任之，人们就

罗马建筑

都会相信他的胡言乱语，教会的威信和地位就要动摇了。"

伽利略被传唤到罗马，宗教法庭给他下了最后通牒：

"今后你无论在讲课或写作中，不许再讲授哥白尼的学说，更不许把它说成是绝对事实。"

伽利略很清楚，如果不顾教会的警告，继续公开宣传地动说，肯定会被抓进监狱，这样就再也没有办法从事研究了。他想暂时不再发表著述，先埋头于研究，他要为自己的学说找到更充分的科学根据。

那是几个黯淡的春秋，伽利略默默地工作着。白天做实验，晚上观察星星，几乎每天晚上他都把行星和月亮的情况记录在书本上。经过几年的科学积累，一部伟大的著作就在他的脑海中酝酿了。他把书定名为《关于托勒密和哥白尼两大世界体系的对话》，以三个人巧妙而幽默的对话形式，反映出当时天文学界存在的两种主要学说，他要把它写成一篇公正和诚实的报告，让每一位受过教育的人自己去辨别谁是对的，谁是错的。

由于疾病，他写得很慢，好多次，疼痛迫使他搁下笔，躺回床上。5年的时间过去了，这部凝聚着伽利略晚年心血和汗水的科学著作终于脱稿了，老人那疲倦不堪的脸上露出了欣慰的笑容。但他没有想到两年后当这部伟大的著作问世时,他又一次被传唤到罗马宗教法庭。

此时伽利略已年近70,疾病如梦魇般缠绕他。到罗马后,宗教法庭不顾老人长途跋涉后的疲惫和病弱,对他进行了连续不断的审讯,企图迫使伽利略抛弃自己的"邪说",不再相信和宣传哥白尼的地动说。精神和身体都受到严重摧残的伽利略已神志恍惚,他强撑着发抖的身体去接受法庭对他的最后判决:

"伽利略,现年70岁……违背教义,宣传地球运动的邪说……判处伽利略终身监禁……从此不得以任何语言或著作去支持、维护或宣扬地动邪说。"

宗教法庭强迫已无字。当他的朋友们搀扶教法庭时,他还喃喃自动啊!"

失去自由并没有让写下了另一部更有代表话与数学证明对话集》,的基本概念和规律,矛头直指亚里士多德的物理学偏见。

望远镜

这部书完稿后的第二年，由于长期使用望远镜进行观察，伽利略双目失明了。黑暗，无边无际的黑暗。面对着眼前的一片黑暗，伽利略没有停止他的研究和斗争。他将自己已经研究和尚未研究的科学内容口述给他的学生，希望年青的一代人去完成他未竟的事业，传播他已发现的科学真理，揭示他未能揭示的宇宙之谜。

1642年1月8日，这位伟大的学者带着深深的遗憾辞别了人世，但他那为发现真理和宣传真理进行不懈斗争的精神，直至今天仍为后人传诵着。

时光在流逝，冲尽黄沙始见金，历史终于对伽利略这位伟大的科学家做出了公正的判决。1979年，罗马教廷宣布重新审查对伽利略的判决书。1980年，罗马教廷专门成立了一个调查伽利略案件的委员会。

1983年，伽利略案件委员会在一本名为《伽利里奥·伽利略》的文集中公布了审查结果，该书的主编保罗·普帕尔主教写道："给伽利略定罪的法官犯了错误。"至此伽利略的这一沉冤终于得到昭雪。

伽利略是伟大的意大利物理学家和天文学家，他开创了以实验事实为基础并具有严密逻辑体系和数学表述形式的近代科学。他为推翻以亚里士多德为旗号的传统哲学对科学的禁锢、改变与加深人类对物质运动和宇宙的科学认识而奋斗了一生,他被誉为"近代科学之父"。

　　伽利略的一生还有多项发明,比如脉搏计、浮力天平、温度计、望远镜等。

机械工具发明大师

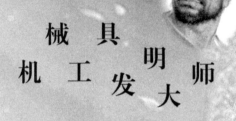

读书愈多，精神就愈健壮而勇敢。

——高尔基

名句箴言

伟大的发明家鲁班

我国古代的土木工匠们一直从事着繁重的劳动，直到一位伟大的发明家利用他的智慧创造出许多灵巧的工具，土木工匠们才从那些枯燥乏味的劳动中解脱出来，这位伟大的发明家就是鲁班。

鲁班是我国古代优秀的土木建筑工匠，也是一个有许多创造的杰出发明家。2000多年以来，他一直被土木工匠们尊奉为"祖师",受到人们的尊敬和纪念。

鲁班,姓公输,名班,鲁国人,由于"般"和"班"同音,古时通用,因此人们常称他为鲁班。鲁班大约生于周敬王十三年(公元前507年),卒于周贞定王二十五年(公元前444年)左右。

鲁班

鲁班所处的这一时期是我国奴隶制社会经济高度发展的时期,也是奴隶制向封建制转变的历史时期。当时,城邑建筑和水利工程有了相当的规模,铁器已经逐步推广到各个社会生产领域,铁器的推广大大推进了社会生产的发展。

当时,奴隶社会渐渐瓦解,奴隶起义和暴动此起彼伏,奴隶主控制的官府手工业被冲破了,很多手工业奴隶获得了解放,于是独立的个体手工业者出现了。鲁班就是在这个时期得到解放的奴隶工匠,他因此有了游走各地、到处做工的自由。

鲁班有很多的发明,例如飞鸢、云梯等,但他发明的东西中人们最熟悉的可能就是锯了。

传说有一年,鲁班接受了一项巨大的任务——建筑一座大宫殿。建造这座大宫殿需要很多木料,但是工程限期很紧。鲁班的徒弟们每天都上山砍伐木材,然而当时还没有锯子,砍伐木材都是用斧子,所以虽然徒弟们每天累得精疲力竭,可是木料还是远远不够,这耽误了工程的进度。

那是一个奴隶主统治的年代,如果完成不了奴隶主的任务是要受重罚的,鲁班心里非常着急,就亲自上山察看。上山的时候,他偶尔拉了一把长在山上的野草,一下子手就被划破了。

鲁班感到很奇怪,小小的草为什么这样锋利呢?他把草拔出来细心观察,发现草的两边都长有许多小细齿,他的手就是被这些小齿划破的。鲁班想:"既然小草的齿可以划破我的手,那带有很多小齿的铁条应该可以锯断大树吧。"

于是,鲁班将思想付诸实践,做出了世界上的第一把锯——一条带有许多小齿的铁条。他用这个简陋的锯去锯树,果然又快又省力,锯就这样发明了。

这个故事也许有些虚构的成分,但不管怎样,我们都能从这个故事中得到这样的一个启发:实践出真知,钻研出智慧。

每个人的成功都是有着外部的影响的,鲁班工艺的不断进步离不开自己的努力和家人的帮忙。鲁班出身于工匠世家,从小就跟随家人参加过许多土木建筑工程劳动,逐渐掌握了生产劳动的技能,积累了丰富的实践经验。

鲁班的发明有家人的智慧。弹墨线用的小钩被称为"班母",刨木料时顶住木头的卡口叫作"班妻",这是为什么呢?原来,鲁班的母亲和妻子经常从事生产劳动,并对鲁班有很大的帮助。据说"班母"的由来是这样的:鲁班做木工活用墨斗放线的时候,是由他母亲拉住墨线头的。后来经过多次实验,母子俩在墨线头上拴了一个小钩,放线的时候,用小钩钩住木料的一端,就可以不再用手拉线,这样一个人操作就行,既省时又省力。从此,弹墨线不用再请母亲帮忙了,后世木工便把这个小钩取名为"班母",以纪念这个创造。"班妻"的由来据说是因为鲁班刨木料时起初是由他的妻子扶着木料,后来才改用卡口的缘故。

伞的发明也跟鲁班有关。根据《玉屑》上的记述:鲁班成年累月在外给人盖房子,雨淋日晒,十分辛苦。他的妻子云氏就动脑筋做了一把伞,让鲁班出门做工的时候带上,这样就可以遮日避雨。直到今天,伞仍然是人们日常生活中不可缺少的用具。可见,鲁班的家庭成员对鲁班以及后世都有着很大的影响的。

鲁班是一个多产的发明家。在《事物绀珠》《物原》《古史考》等不少古籍中都有鲁班发明的记载,木工使用的不少工具器械都是他发明的。如木工使用的曲尺是鲁班创造的,所以又名鲁班尺,墨斗、刨子、钻子以及凿子、铲子等工具,据说也都是鲁班发明的。

据《世本》上记载,石磨也是鲁班发明的。磨,最初叫硙,汉代以后才叫作磨,磨是把米、麦、豆等加工成面的机械。

人类进入农业社会以来,去掉谷物壳皮、破碎豆麦就成为人们日常的烦琐劳作。早期人们去谷物壳皮、破碎豆麦采用的方法是用石头把谷物压碎或者碾碎,后来人们又把谷物放在石臼里面用杵来舂捣,这

石磨

虽然是古代粮食加工工具的一大进步,但是仍然特别费事。

接着,人们又发现与捣碎相比,研碎效果又好又省力。鲁班在劳动人民智慧的启示下,用两块比较坚硬的圆石,各凿成密布的浅槽,再将这两块圆石合在一起,用人力或畜力使它转动,米面就磨成粉了。这两块合在一起的圆石就是2000多年以来我国各地广泛使用的磨。

磨的发明将杵臼的上下运动改为旋转运动,使杵臼的间歇工作变成连续工作,大大减轻了劳动强度,提

高了生产效率,是一个很大的进步。鲁班究竟怎样发明磨的真实情况已经无从查考,但是从考古发掘的情况来看,距今6000—6500年前后的仰韶文化时期已经有石辗棒和石制研磨盘,龙山文化时期(距今 4000 年左右)已经有了杵臼,因此,到鲁班的时代发明磨,是有可能的。

鲁班不只是土木工匠的"祖师",还是一个很高明的机械发明家。他制造的锁,外面不露痕迹,机关设在里面,必须借助配合好的钥匙才能打开。在《墨子·鲁问篇》还有这样的记载:"公输子削竹木以为鹊,成而飞之,三日不下。"就是说鲁班制作的木鸟能乘风力飞上高空,三天不降落。

据说,鲁班还改造过车辆,他制成了机动的木车马。这种木车马由木人驾驭,装有机关,能够自动行走。后世有不少科技发明家,如三国时候的马钧、晋朝的区纯、北齐的灵昭、唐朝的马待封、清朝的黄履庄等都受这个传说的影响,制作过各式各样的木车马。

据说,鲁班在兵器制造方面也有一定的造诣。《墨子·公输篇》有这样的记载,鲁班曾经为楚国制造攻城用的"云梯"和水战用的"钩强",在战争中都发挥了比较大的作用。后来他受了墨子的影响,不再制作这类战争的工具,专门从事生产和生活上的创造发明,造福于人民。

除了兵器上的创造,鲁班在建筑和雕刻方面的贡献也很多。《述异记》上说,鲁班刻制过立体的石质九州地图。《列子·新论·知人篇》中有关于鲁班雕刻凤凰的故事,表现了他不怕讥讽、刻苦钻研的精神。故事说,鲁班想雕刻一只凤凰,还没有雕成就受到别人的讥讽,但是他没有因此而停止工作,反而更加努力,终于刻出了神态逼真、栩栩如生的凤凰。那些曾经讥笑过他的人,也终于不得不佩服鲁班的高超技艺和顽强拼搏的精神。

2000 多年来,人们世世代代传颂着鲁班发明创造的故事。为了表达对他的热爱和敬仰,人们把古代劳动人民的集体创造和发明也都集中到鲁班的身上。因此,他的名字实际上已经成为劳动人民勤劳和智慧的象征。

名句箴言

长才靡入用，大厦失巨楹。

——邵谒

三国机械专家马钧

诸葛亮是《三国演义》中的人物，他上通天文，下晓地理，又能设计机械，又能制造武器。据说，他设计的"木牛流马"，解决了蜀国军队运输粮食的难题，他设计的"连弩"，可以像现代自动步枪一样，射出连发的弩箭，大大增强了弓箭的威力。但是，诸葛亮设计的这些器械，有的史册上没有记载，有的已经失传了。人们还是对作为军事家和戏剧人物的他感兴趣,对他的发明反倒不去研究考证了。不过,三国时期还有一位机械学家,值得在科学史上写上一笔,他就是马钧。

马钧是三国时魏国扶风人,出身于贫寒家庭。他从小就喜欢动脑,又勤于学习,刻苦钻研,因而成为一个"巧思绝世"的科学家。

三国时,天下分崩离析,各路诸侯分别拥有自己的地盘,他们剥削奴役人民。汉末的农民大起义极大地打击了大地主阶级的力量,遏制了土地兼并的恶性发展。后来魏、蜀、吴"三足鼎立"局面形成时,社会生产力有了一定的恢复和发展。魏国和蜀国为了减轻财政压力,实行了屯田政策,对恢复农业生产起了一定作用。从汉代开始传入中国的外国种植葡萄、胡萝卜等技艺,在相对安定的社会条件下得到推广,江南等地由于水利灌溉事业的兴起,稻田种植面积大为增加。由于战争不像以前那样频繁,农民得以深耕细作,粮食产量有了大幅度增加,这样,手工业也有了相应的发展,各种技艺都有了提高。在冶炼方面使用了水力鼓风炉,兵器生产的减少,使更多的金属用于制作社会生产和人民生活所必需的器具,这反过来又促进了生产力的进一步提高。正是这样生产力相对发达的社会环境产生了对科学技术的更高更迫切的需要,马钧这位杰出的科学家、发明家便顺应时代的需要出现了。

中国自古就是"东方丝国",丝织品以及为丝绸生产提供原料的养蚕业在中国上古时期就发展起来了。可以说,中国人走出穿树叶、着兽皮的时代后穿的第一代衣服就是丝或麻制的。传说人类祖先黄帝的妻子名叫嫘祖,看到人民没有衣服穿,她就养蚕,用蚕丝织成衣服,这样人们才学会了用蚕丝来做衣服。

中国养蚕业、丝织业发展较早,相应地纺织机械发展也较早。在汉代,有一对住在现在河北省巨鹿县的夫妇发明了一种纺织机,名叫提花机。用这种机器,60天工夫可以织成一匹花绫。提花机从发明时起到三国时已经二三百年了,这种机器用起来比较麻烦,每一根经线要装一个脚踏的蹑,120根经线就要装120个蹑,织起来又费力又费时,所以越来越不适应生产发展的需要了。

马钧深知劳动者的要求,他经过反复琢磨,重新设计了一种纺织机。他将当时流行的50根线、50个蹑或60根线、60个蹑的纺织机都改成只

提花机

需要12个蹑的纺织机,使生产效率大为提高。这种纺织机

又省力又出活,受到人们的欢迎,也为中国纺织机械的制造添上了新的一笔。

杠杆的力学原理最早运用到实践中,战国时期已经普遍使用桔槔进行提水灌溉。桔槔就是在一根立木上挂一个可以活动的横杆,一头系上石头,一头系上空桶,利用石头的重量把水从低处提上来。桔槔对减轻人们劳动强度有很大作用,但它比较粗笨,效率低,随着水利事业的发展,已经很不适应生产的需要了。

桔槔

马钧住在当时的京都洛阳,看到有一块坡地可以种菜,但缺水灌溉。他想出一个办法,设计了一种提水灌田用的"翻车",俗称为水车。这种车刻木做槽,中间连缀木板,上端有轮轴,可以旋转,用人在一旁脚踏,木槽旋转,把水带上来,流进附近的沟道,这样就可以进行灌溉了。这种水车又叫"龙骨水车",因为它的水斗连在一起,如同链子般环绕,很像一条"龙",所以得名。直到现在,在没有抽水机的地方,人们还在使用这种龙骨水车来浇地。

三国时,魏蜀两国经常发生战争,蜀国著名军事家诸葛亮根据战争需要发明了"木牛流马"和"连弩"。有一次马钧见到了诸葛亮发明的"连弩"，他说："巧则巧矣，未尽善也。"也就是说这种弩还不是十分完满的，还有可以改进之处。据马钧计算，经过改进的连弩，威力可以增加 5 倍。

当时的作战工具有一种抛石头的战车，这种抛石车就像一个大桔槔，一头挂个斗，里面装几十斤大石头，另一端挂许多根绳子，几十名士兵一齐用力拉绳子，挂石头的一头猛然向上运动，斗中的石头被抛出去，打击

连弩车

敌人。马钧发现，这种抛石车不但用人多，花费时间长，而且在攻城时，敌人在城楼上悬挂湿牛皮就会挡住石头，打中了也不起作用，落下来就砸伤自己人，更何况石头不能连续发射。马钧设计出一种带轮子的抛石车，把石头放到大木轮上，用机械使轮子飞速旋转，这样接连把石头抛出去，使其"首尾连至"，一个接一个地射向敌军，大大提高了杀伤力。他做过试验，这种抛石车可以把碎砖抛到几百步远。

机械工具发明大师

除了改进作战工具,马钧还制造了指南车。指南车是用来指示南方的一种车,车上立个木头人,不论车朝哪个方向走,木人伸出的手始终指向南方。本来,中国在春秋时已经发明了指南车,东汉科学家张衡也制成过指南车,但后来都失传了。有一次马钧和另外两个人发生了争论,那两个人坚持说古代没有什么指南车,历史记载是不足信的。马钧认为指南车是有的,虽然已经失传,但研究一下可以再把它造出来。那两个人不信,还嘲笑了马钧一番。后来,那两个人把这事告诉了魏明帝。明帝命令马钧造指南车,这下马钧可要认真对待了。他经过认真思考和试制,终于把指南车造成了。从此所有的人都赞佩马钧的聪明才智,他的名声传遍了天下。

马钧还给当时权倾一方的武安侯曹爽制造过活动的"百戏木人",他用木头做轮子,利用水力冲击木轮,木轮旋转带动木头人,这些木头人就自动完成击鼓、吹箫、跳舞、掷剑以及倒立等动作。这种设计和制作虽然精巧,可惜是奉命为统治者制造的,没有什么实际用途,只是玩具而已。 马钧的心思细腻,才智过人,当时人称他是"国之精器"。

毫无理想而又优柔寡断是一种可悲的心理。

——培根

名句箴言

发明时钟的惠更斯

那是一个伸手不见五指的深夜,荷兰海牙这座美丽的城市已进入了梦乡,但海牙城外一座高山上的天文观测站却是灯火通明,人们正在紧张地工作。只见一位三四十岁的胡子长长的中年人正在望远镜前聚精会神地观测星空。从他的脸色可以看出,他已经这样连续工作好多天了。他现在是用自己设计制造的一台天文望远镜观测地球的姊妹星——土星。

荷兰海牙

　　"啊！我看见土星的卫星了！"他突然发狂似的喊了起来。别人以为他出了什么意外，纷纷跑到他的观测室来，可是一进门却见他安然无恙。他手舞足蹈，像个孩子似的告诉大家，他看见土星的卫星了。顿时，大家争先恐后地挤到他的望远镜前观看起来，果然，土星的卫星进入了众人的眼帘，大家不由得齐声欢呼起来，这颗卫星后来被称为土卫六。最先观测到土卫六的这位中年人，就是著名的物理学家、天文学家和数学家惠更斯。

1629 年 4 月 14 日，惠更斯出生在荷兰海牙，他的父亲是一位外交官，也是赫赫有名的法学教授。这位外交官很重视孩子的教育，他原本希望惠更斯长大以后能够继承自己的事业，成为举足轻重的法学家，所以聘请

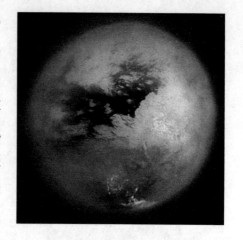

土卫六

家庭教师对惠更斯进行有关法学的启蒙教育。但是，聪明的惠更斯对枯燥的法律条文并不感兴趣，他常常利用课余时间，描绘各种想象的机械图形，有时还自己动手把它们制作成模型。

有一天，老师看到班里最小的学生惠更斯做的模型，感到非常生气，便训斥道："你怎么可以把时间浪费在这些没用的东西上呢？我一定要告诉你父亲。"说完，老师马上把模型拿去给惠更斯的父亲看，并请他责备惠更斯。不料父亲看到模型，把弄了一番之后反而赞不绝口地说："做得太好了，真没想到我儿子有这样的天才。老师，我们应该顺应孩子的性情来教导他，不能强迫孩子学习他不感兴趣的东西啊！"

因为有这样一位开明的父亲,使得惠更斯从小就受到了良好的家庭教育。他入学很早,循着自己的兴趣自由地向前发展,专心研读他喜爱的科学方面的书籍。

16岁那年,惠更斯以优异的成绩考入了著名的莱顿大学,专门学习数学、天文学和物理学。由于从小打下了良好的科学基础,所以惠更斯在大学期间的成绩总是名列前茅。

1647年,惠更斯转入布勒达大学学习数学和法律。

1655年,惠更斯获得法学博士学位。

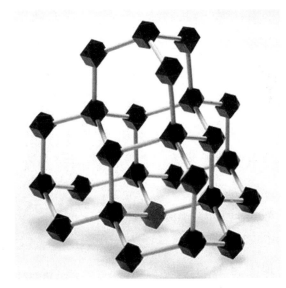

模型

大学毕业后,惠更斯曾先后出国到法国巴黎和英国伦敦。在外国,他结识了许多当时著名的专家和学者,其中包括牛顿以及和他一起创立微积分理论的莱布尼茨等。这对他以后在科学事业上做出成就无疑是很有帮助的。

在学术上,惠更斯大学毕业后,很快出版了一本关于二次方程式的数学著作,这本著作引起了学术界的注意,惠更斯一时名气大噪。不久,惠更斯转而致力于光学的研究,他发现光是以波的形态传送的。这个重大的发现,确立了他在学术界的地位。

惠更斯并不因为取得的成就而感到满足,他经常勉励自己说:"现在,我已经小有名气,我必须珍惜这得来不易的声名,继续努力,挖掘出更多的宇宙、自然的奥秘。"

惠更斯有不断进取、执着追求的精神,因而他能做出许多重大的科学发现。

1655 年,惠更斯利用自己设计的小望远镜观测土星,发现土星的周围环绕着一圈光环。9

猎户座

年后,惠更斯又发现了土星的第六颗卫星,即土星的最大的卫星——泰坦。这些发现使人类对土星的研究向前迈进了一大步。

另外,在星云研究方面,惠更斯也有很大的贡献。他不但是世界上第一位发现猎户座腰带三星下面有一群大星云的天文学家,同时,他也发现这群星云被一层淡绿色扇形的明亮星云所包围。

惠更斯是一个伟大的发明家,他的发明中对人类影响最大的就是计时器。

在古代,人们没有钟表,常用的计时工具叫作"日圭"或"圭表",这些计时工具利用阳光照射在物体上投射的影子来计时,和现在所说的"日晷仪"差不多。

最初的日圭是泥土制造的,也叫"土圭"。土圭有一块平放的土板叫"圭",上面有刻度;土板的一头插一根小竹竿或小木棒,叫作"表竿",表竿的影子落在哪个刻度上,就表示什么时刻。

后来,有人把长方形的日圭做成圆盘形,还把一天分为12个时辰刻在圆盘上,成了圆形的圭,以后再经过改进,成了较精确的日晷仪。

日晷仪有一个缺点,即只能在有阳光的白天使用,到了晚上或是碰到阴天、雨天就不管用了。因此,有些地方的人便用特制的蜡烛、香、漏等来计时。最简单的漏只是个盛水的罐或壶,内壁有刻痕,底部有个小洞,让水一点一滴地漏出,然后人们便可以由水面的高低得知时间。此外,漏也可以用沙来计时,叫"沙漏",但是,用漏计时必须有人看管,而且做得越精细,费用就越高,所以只有皇宫、政府机关、寺庙等使用,普通人家是无法使用的;同时,漏的准确度也不高,并不是理想的计时工具,于是又有人发明了机械钟。

世界上最早的机械钟叫"塔钟",约在 13 世纪发明成功。这种钟架在高塔上,利用重锤下坠的力量带动齿轮,齿轮再带动指针走动,并用"擒纵器"控制齿轮转动的速度,以得到比较正确的时

塔钟

间。但是,利用重锤驱动的钟,只能高高地架在塔上,很不实用。因此,德国人彼德·亨利在 1500 年发明了用弹簧驱动的钟。后来,意大利科学家伽利略发现物体摆动时,不管弧度多大,它来回摆动一次的时间永远相等,不久,他把这一发现用论文的形式发表出来。几年后,惠更斯读到伽利略的论文时禁不住想:"既然物体的摆动有等时的特性,那么,如果能利用物体摆动的力量来驱使钟里的齿轮转动,不是可以得到更准确的时间吗?"

惠更斯非常兴奋,他立刻进行计时器的实验,失败了,又失败了……一次次的失败并没有打倒他,他孜孜不倦。功夫不负有心人,经过一连串的实验后,惠更斯终于设计出一个钟摆机构取代塔钟里的平衡轮,并在 1656 年委托制钟

匠,成功地制造出第一座实用的摆钟,然而惠更斯对摆钟的准确度并不满意。他继续研究,不久,又在齿轮上加装一根弹簧,把它改良成现在所说的"摆轮",使摆钟的误差每天不超过两分钟。第二年,惠更斯获得了摆钟的专利权,并出版了《摆钟》一书。

惠更斯对物理学的贡献很多,他不仅制作了第一座摆钟,而且在曲线运动方面,他还推导出了关于离心力的几个重要的公式,并对重力的起因进行了科学的概括。

惠更斯在物理学研究中的最重要的贡献是建立了光的波动学说。当时流行的是牛顿的光的微粒说,虽然光的微粒说能解释光的反射现象,但在解释光的折射现象时,它得出的结论是光密媒质中光的传播速度比光疏媒质中光的传播速度快,这显然是不对的。而且,微粒说不能解释光的干涉和衍射现象,但是由于牛顿是建立了经典力学和微积分理论的大科学家,名气大、有权威,因而他的微粒说一直占上风,当时的绝大多数人都承认光是由微粒构成的。惠更斯对待科学问题非常认真,并且敢于向权威的观点挑战。他不屈不挠地坚持自己的光的波动说,并成功地解释了光折射后在光密媒质中的传播速度比在光疏媒质中慢。与此同时,他还成功地解释了光的干涉和衍射现象。经过几十年的艰苦努力,惠更斯终于打破了牛顿的光的微粒说的统治地位,使光的波动说为人们所接受。此外,他还同胡克一起共同测定了温度计的固定点,即冰点和沸点。

作为数学家的惠更斯,也是非常成功的。1651年,年仅22岁的他就发表了关于计算圆周长、椭圆弧及双曲线的著作。他研究了抛物线、对数螺线、悬链线以及其他平面曲线,并推导出了曲线的求长法、旋转曲面面积计算法和惯性力矩计算法。1657年,他发表了

惠更斯

"关于骰子游戏或赌博的计算"的论文,成为最先创立概率论的学者之一。

惠更斯在物理学、天文学和数学等方面都取得了很大的成就。

1663年,他成为英国伦敦皇家学会的第一位外国会员。

1665年,惠更斯应路易十四的邀请去法国。

1666年,法国皇家科学院成立,惠更斯被选为会员,著名的"惠更斯原理"就是在法国提出的。

1681年,惠更斯从法国回到荷兰。

1695年7月9日,惠更斯在海牙逝世。

机械工具发明大师

惠更斯把自己的一生奉献给了自然科学,并取得了卓越的成就。他为人忠诚、谦逊、诚恳,他的成就的取得,一方面是由于他具有坚强的毅力,不怕困难,不怕挫折,不怕权威,敢于坚持科学真理的英雄气概;另一方面是与他的老师、父亲的教育,尤其是与笛卡儿的光辉的学术思想的影响和哺育分不开的。

老骥伏枥，志在千里；烈士暮年，壮心不已。

——曹操

名句箴言

发明蒸汽机的瓦特

这是星期六的傍晚，英国格拉斯哥大学理学院的实验准备室。一阵急促的敲门声响起，约翰·安塔逊教授一反往日的文雅冲了进去并大声嚷道："詹姆斯先生，詹姆斯先生。蒸汽机修好了吗？下周一，我还要向学生演示呢！"

实验准备室里空荡荡的，墙上的惠更斯振子钟"嘀嗒嘀嗒"不知疲倦地奔走着。虽然实验室各种仪器摆得到处都是,但仔细一看却又相当有条理。安塔逊教授的目光终于停在一台纽康门式蒸汽机模型上,只见这台1750年制造的蒸汽机模型擦得干干净净,个别损坏了的零部件已经修好。看见了修好的蒸汽机模型,安塔逊教授刚才还紧绷着的脸终于露出了满意的笑容。他刚要转身离去,准备室的门又被撞开了。

旋风般冲进来的人正是安塔逊教授要找的机械技师詹姆斯·瓦特,瓦特兴奋地对安塔逊教授说:"安塔逊教授,我们可以通过实验改

蒸汽机

进这台蒸汽机,我找到了问题的要害!"瓦特兴奋异常地握着安塔逊教授的双手说道。

安塔逊教授望着这位年轻的技师,有点丈二和尚摸不着头脑了。他和瓦特堪称学业上的同道好友,一直配合得很默契。他坐下来倾听着瓦特的实验设想,瓦特侃侃而谈的神情使他沉入了回忆的海洋。

　　詹姆斯·瓦特，1736年1月19日生于苏格兰林诺克市的一个木匠家里。瓦特的父亲不只是一个熟练的木匠，还是一个技艺精湛的造船木工技师。在教会学校读书时，瓦特最喜欢物理和数学，他的物理和数学成绩之佳和其他科目成绩之差使好多老师和同学感到吃惊。瓦特的父亲十分崇拜牛顿，在家里挂着牛顿的画像，这使瓦特从小就萌生了做个像牛顿那样的人的愿望。

　　瓦特的少年时代是在父亲的工厂里度过的，在那里他学会了操纵机器、使用工具，学到了作为一名精密机械工应掌握的技术。毕业后，家境贫寒，父亲无力让瓦特像贵族的孩子一样上大学深造，瓦特只好进了父亲工

瓦特

作的工厂做工。虽然没有上正规的大学，但对瓦特来说，这是最好的学校。这个工厂主要是制造船舶的装备以及制作船舶等所需要的各种小型木工器具。

机械工具发明大师

从青少年时代起,瓦特就开始进行手工劳动,这种劳动无疑对造就这位未来的"蒸汽机之父"起了决定性的作用。瓦特的青少年时代正是英国机械工业迅速起步的时期,首先是纺织机械的发明和制造。1733年,英国一个钟表匠约翰·凯伊发明了飞梭,用飞梭的自动往返代替了手工投递,将织布效率提高了一倍多,并使布面加宽。不久,英国一个织工兼工匠哈格利夫斯发明了手摇纺纱机——著名的珍妮机。此外,当时英国已造出各种机床,其材质用钢铁取代了过去的木材,工业发展日新月异。

格拉斯哥大学

在母亲逝世后,瓦特来到格拉斯哥大学开始学习光学和力学。在完成了为期一年的学习之后,瓦特赴伦敦投奔到精密仪器制造者摩根门下,从他那里学到了许多知识,并很快就以精确无误和对本职工作的认真负责而远近闻名。

1763 年,这是瓦特到格拉斯哥大学担任大学机械技师的第 6 个年头了。这次,格拉斯哥大学从伦敦买回一台纽康门蒸汽机模型供演示实验用,但经常运转不灵。瓦特受安塔逊教授的委托,修理这台纽康门气压蒸汽机模型。安塔逊教授心急火燎地从伦敦赶回来,就是因为他忘记告诉瓦特使用模型的准确时间了。在格拉斯哥大学,耽误了上课可不是闹着玩儿的。

在接触纽康门蒸汽机模型之前,瓦特对有关蒸汽机的知识知道得并不多。只是在两年前,他曾用帕平研制的蒸汽锅协助布莱克教授进行过高压蒸汽实验。蒸汽机模型一运到实验准备室,好奇心使从小就是机械迷的瓦特跃跃欲试,没等安塔逊教授吩咐,他就立即着手拆装和修理它了。半个多月来,蒸汽机迷住了瓦特,使他达到废寝忘食的地步。

下班后,瓦特回到格拉斯哥城郊大学公寓里久久不能入睡,满脑子想的都是纽康门蒸汽机。他拧亮了煤气灯,拿起白天从图书馆收集来的有关蒸汽机的资料仔细地阅读,他进入了蒸汽机的世界……

公元 100 年左右,埃及的亚历山大城有一位学者名叫希罗,他制造了一种按照喷射反作用原理动作的蒸汽发动机雏形。这种雏形是这样的:一个锅炉里产生的蒸汽通到中空圆球里,蒸汽从两个喷嘴喷射而出,喷汽的反作用使球回转。这种装置可以产生很大的旋转速度,但是产生的动力却很小,它很可能只是一种玩具。

1690年,第一部活塞式蒸汽机由法国人帕平在德国发明,他曾是荷兰著名物理学家惠更斯的学生和助手。在蒸汽机中应用气缸和活塞这一思想是德国伟大科学家莱布尼茨提出的。帕平的蒸汽机是由装有活塞和连杆的竖式管子构成的。管子下部盛水,加热使水变成蒸汽,蒸汽推动活塞向上运动,活塞上行到顶部被插销固定住。移去热源,蒸汽冷凝,汽缸内形成真空。拔去插销,上部大气压迫活塞,使它向下运动,并通过杠杆提起重物。帕平的试验虽然没有成功,但他是第一个应用蒸汽在汽缸中推动活塞、第一个指出了蒸汽机的工作循环的人,他的试验为以后活塞式蒸汽机的发展开辟了道路。

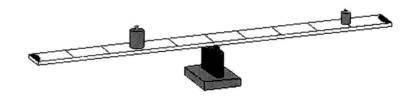

杠杆

17世纪末,矿产品的需求量越来越大,矿井也越挖越深,这时,英国的许多矿井遇到了严重的积水问题,因为当时只有靠马力转动辘轳来排除积水。针对这一情况,英国皇家工程队的军事工程师塞维利大尉研制了蒸汽泵。这是一种没有活塞的蒸汽机，尽管该机燃料消耗很大，也很不经济，但它是人类历史上能实际应用的第一部蒸汽机。

1705 年，英国铁匠纽康门综合前人的技术成就，设计制成了一种更为经济的气压式蒸汽机。它实现了用蒸汽推动活塞做一上一下的直线运动，每分钟往返 12 次，每往返一次可将 45.5 升水提高到 46.6 米。当时的纽康门蒸汽机主要用于深矿井排水。

1712 年以后，英国大部分矿井都安装了纽康门蒸汽机。在英国北部，许多较深而被水淹没的矿井，由于使用了纽康门蒸汽机而摆脱了濒临绝境的危险。

然而，纽康门蒸汽机也不是完美的，它有重大的缺陷，这种蒸汽机不仅效率低，做功时需要大量的燃煤，而且只能做简单的往复运动，因而其使用范围受到限制，人们渴望获得新型的蒸汽机。

瓦特边看边琢磨，越琢磨越睡不着觉了。看来，为了弄清这台蒸汽机的工作原理，他又要开夜车了。

第二天，瓦特立即着手工作。首先，他开始研究纽康门蒸汽机的动作方式，分解其动作步骤。锅炉产生的蒸汽进入汽缸内，活塞被压起。接着通过向气缸内喷水，使其冷却，让蒸汽凝缩，制成真空。这样，施加在活塞上的大气压将其压下，与活塞杆相连接的泵的活塞被拉起，就可以从矿坑内吸上水来。瓦特注意到,在蒸汽机锅炉里产生的蒸汽量只够活塞几次工作所用,然后,机器需要等候锅炉将蒸汽积蓄起来才能重新开始工作。通过进一步观察研究,瓦特又发现,用蒸汽加热气缸再用水冷却是不合理的。汽缸由热变冷,再由冷变热需耗费很多时间。怎样才能保持汽缸的原有热量,还能使蒸汽凝缩呢?瓦特苦苦地思索着这一问题,很长时间没有得到答案。这使他茶饭不思,打不起精神来。

锅炉

　　格拉斯哥大学是个美丽的大学,校门外,左边是一大片绿草如茵的平地,右边是一个波平如镜的小湖。一天,瓦特漫步在草坪上,不时地把目光投在天空中远去的白云,若有所思。突然一个奇异的想法涌上脑际,这个想法仿佛是打开问题的钥匙,好像是上帝给他送来的及时雨似的。突如其来的灵感让瓦特豁然开朗：蒸汽是有弹性的物体，所以，可以使其进入真空，如果将汽缸和排气容器相连接的话，蒸汽就可以进入容器内，这样无需再冷却汽缸，蒸汽就可以冷缩，同样可以完成纽康门蒸汽机的工作。

瓦特走出了重要的一步，他从设计思路上解决了蒸汽机的关键技术问题。难怪他跑到实验准备室时兴高采烈、手舞足蹈，一反他平素的态度。经历多次实验和修改，问题终于解决了。蒸汽并不需要直接在汽缸里凝聚，而是在与汽缸相连接的另一个容器里凝聚。瓦特发明了冷凝器，在科技发展史上奠定了蒸汽机实用化的坚实基础。不久，他又设想将汽缸两端加盖封闭起来，这样就可以实现蒸汽机的二冲程运动，将二冲程直线运动转变成循环圆周运动就容易多了。巧妙的设想为瓦特打开了走向成功的大门。

每个人都有很多美好的理想，然而实现这些理想需要克服难以预料的困难。没有克服困难的坚强意志，再美好的理想也只能是纸上谈兵。瓦特的伟大就在于他不断地克服困难，促使理想走向现实。

在瓦特生活的那个时代，英国的工业界很少有人能够按照复杂的机器图纸准确无误地加工各种机器部件，甚至连加工常用的机床也还不很精确。按照瓦特设想制造的蒸汽机样机以失败告终，这使得瓦特一贫如洗。瓦特为了完成自己的设计几乎变卖了所有值钱的东西。

瓦特的设计一次又一次地失败,但他并没有灰心气馁,他顶着别人的嘲笑,为完善自己的发明继续孜孜不倦地工作着。

通过好友布莱克教授的介绍,瓦特结识了发明镗床的技师维尔金森。这位技师被瓦特苦心钻研的精神感动了,他决定帮助瓦特,用他拿手的镗炮筒的技术来为瓦特加工汽缸和活塞,这就解决了蒸汽机的漏气问题。

瓦特又向胜利迈进了一步。维尔金森加工的汽缸和活塞可谓无与伦比,它使瓦特又越过了一道技术难关,终于制成了第一台新型蒸汽机样机,这台样机运行正常,达到了设计的要求,获得了一致的好评。

瓦特并没有满足于眼前的成绩,经过一段时间的休整,他又投入到了新的研制工作中。这项新的研制工作需要解决许多技术难题,然而幸运的是,瓦特找到了一个重要的合作者——威廉·默多克,这使瓦特如虎添翼,研制进度骤然加快。默多克是一个高级机械加工技师,什么东西到了他的手里,都会变成你想要的样子。他既能解决技术难题,又富有很强的进取心,常常为了工作而忘记一切。1785年圣诞节的晚上,格拉斯哥城到处都沉浸在节日的气氛里。瓦特心里惦记着尚未完工的蒸汽机,跑到了试验车间。穿过工厂院子时,瓦特看到车间窗子透出了灯光,原来是车间主任默多克在加班。默多克工作认真,从来不愿拖延工作,即使圣诞节也不例外,他到工厂加班是为了连夜加工安装伦敦抽水站的机器零件。

早期的蒸汽机车

两个人很快就把加工机器零件的工作做完了,这时,瓦特又走到制图板前面。

"请过来,默多克!"

默多克走近制图板。

瓦特画了个汽缸。

"我想使蒸汽从两端进去推动活塞,从上面关闭汽缸,并把蒸汽输送到这里,对此您是怎么看的呢?"

默多克没作声,瓦特接着又往下画。

"现在汽缸活塞是上下直线运动,我想通过连在大轮上的一个轴改变直线运动。瞧,就是这样!用这样的方法我们可以变直线运动为循环运动。大轮的惯性推动活塞通过死点,就是这儿。"他演示着,"您看如何,默多克?"他又接着问。

"就是说需要做一个新样机。"默多克回答。

"毫无疑问。"瓦特用肯定的语气回答,他又接着问,"什么时候开始?"

"立刻。"默多克回答得很干脆。

"立刻……那好吧,立刻。"瓦特兴奋得有点语无伦次。

瓦特以狂热的激情投身于工作。他浇铸铜锭、锻造铜件、为汽缸钻孔,接着又车活塞、轴和轴承。原来设计的机器还未竣工,新的样机又开始投入研制,这就是瓦特的性格。

默多克忙个不停,把炉火烧旺,擦净铸件,开动机床,站在他身旁的瓦特感到吃惊:身材魁梧的默多克竟然能干

轴承

出如此精细、准确的活儿。一旦投入工作就始终不渝,这是

默多克的脾气。

4个星期之后，新样机面世了，就差试车这一关。一切就绪以后，瓦特用他那因激动而颤抖的手缓缓地拧开了通向蒸汽机的导气阀。工作状况正常，一切达到预期的效果。瓦特和默多克4只沾满油泥的、乌黑的手紧紧握在了一起，成功的喜悦鼓舞了瓦特和默多克。

瓦特开始向带自动调速器的蒸汽机进军，他要彻底完善他的蒸汽机。瓦特不是一个说空话的人，他总是默默地工作。所有机器的重要部件他都要亲自参与制造：他既是设计师，又是翻砂工；

螺母

既是车工，又是钳工。每一道工序和每一个细节都留下了瓦特的辛劳和汗水。

默多克永远追随瓦特，他领着10多个格拉斯哥技术最好的工人同瓦特一起工作。经过1年多的努力，机器逐渐安装好了。终于，瓦特拧好了最后一个螺母，接着干脆把扳手扔到一旁。然后，长长地吸进了一口气，又徐徐地吐了出来。

"哎，默多克，要是我们现在有蒸汽该多好啊，那我们就可以当场试验这台机器了。"

"有蒸汽。"

"现在,深更半夜?"

"是的,只要点上火,不消一刻钟我们就会得到所需要的蒸汽压力。"

沉默寡言的默多克说完这句话,带着几个工人出去了。静悄悄的车间里,瓦特独自一人面对着机器陷入了回忆的思绪之中。他回想起生养他的苏格兰林诺克小镇,想起爸爸繁忙的造船小工厂,想起在机械加工专家摩根门下的学徒生活,更想起妻子米拉的热心支持和鼓励,这些给了他太多帮助和鼓励了。

没过多久,默多克回来了。

"詹姆斯,一切都准备好了。试车吧!"

瓦特把手放在进气阀门的开关上,此刻,他有一丝胆怯了,假如此时上帝有

阀门

意要和他的蒸汽机作对,假如设计中有错误而被忽略了,假如汽缸壁和调速轮等部件上出现难以发现的裂纹,那该如何是好呢?一时间,一向果断、刚毅的瓦特显得有些缩手缩

脚了。

现在,只要转动阀门的开关,高压的蒸汽就会猛力地冲入汽缸,要么失败,要么成功,瓦特准备好了,最后,瓦特坚定地转动了开关手柄。随着一声震耳欲聋的巨响,高压蒸汽进入了汽缸。透过汽缸缝隙冒出了吱吱作响的气雾,瓦特凝视着脸色铁青的默多克,工人们也屏住了呼吸。几分钟之后,蒸汽笼罩了整个机器和试验车间,灯光显得更加暗淡微弱了。瓦特觉得他的心快要从嗓子眼里跳出来了,机器依旧纹丝不动。

透过气雾,他看见默多克已开始调整调速轮。终于,活塞开始上下缓慢地运动,吱吱声中断,接着活塞开始加速运动。通过曲柄和连杆的作用,一进一退的直线运动正在变成缓慢而平稳的转动。

瓦特僵直地立在地上,嘴里像是被棉花堵住了似的,吐不出来又咽不下去,他被自己创造出来的机器迷住了。

默多克想用手使劲将调速轮刹住,但是轮子却把他的手推向一旁。他急了,使出全身的力气和几个身强力壮的工人想将调速轮刹住,但仍然做不到这一点。"这就是力量!"他大声地叫道。

瓦特兴奋地点了点头。工人们欢呼起来,叫喊着跑出了车间。

"它的力量还可以加大,以后到处都可以用它。我想,有一天人们可以把机器安在马车上,不必套上马,车子就可以跑起来。或者将它安在航船上,逆风无帆,船儿也能漂洋过海,遍游四方。同时,它可以大大地减轻工人的劳动,给他们带来更多的闲暇时间。对此,你认为怎么样,默多克?"

蒸汽火车

"到那时,全世界就会变得更美好,亲爱的詹姆斯。这不正是你一直所希望的吗?"

两位老搭档畅想着未来,憧憬着蒸汽机将给人类带来的益处。这时,太阳已悄悄地露出了笑脸,仿佛在祝福这一对科学开拓者。从这一天开始,一个震撼文明世界的"蒸汽时代"开始了。

1784年,瓦特旋转式蒸汽机一出现就立即被用到了采矿、纺织、冶金、机械加工等各行各业。它在很短的时间内改变了人类的生产方式,极大地提高了劳动生产率,促使传统的手工业工场向机器大工业迅速过渡,直接促进了社会变革。

要成就一件大事业，必须从小事做起。

——列宁

名句箴言

「机床之父」莫兹利

18 世纪中叶到 19 世纪中叶，英国的机械工业得到了突飞猛进的发展。怀特·鲍尔发明的滚筒使纺织实现了从手动向机械运动的转变，以此为开端，在机械加工中开始使用了各种机床。

工业、农业等行业的进步离不开机器，而要造机器则离不开机床，机床发挥着中流砥柱的作用，可以说机床是"机器之母"。由此可见，就对整个工业的发展所起的作用和产生的影响来说,机床的发明几乎可以和蒸汽机的发明相提并论。

说起蒸汽机,人们自然而然地想到了瓦特。其实最先发明蒸汽机的并不是瓦特,但是由于瓦特对蒸汽机进行了根本性的改进,蒸汽机才真正发挥了其应有的作用。同样,一说到机床,人们也马上想到了亨利·莫兹利。其实最先发明机床的人也不是莫兹利,但在他对机床进行了创造性的改进之后,机床才算真正诞生。因此,人们称莫兹利为"机床之父"是完全正确的。

英国工业革命场景

18世纪英国机械工业的改进和发明接连不断、日新月异。机械工业的进步给社会的结构带来了影响,这就产生了世界历史上众所周知的英国工业革命。

1771年8月22日，亨利·莫兹利出生在英国沃尔里奇的一个军人家庭。小时候，他没有受过正规教育。12岁时，他进了制造兵器的工厂劳动。在该工厂，莫兹利制造炮弹，劳动了2年左右。

14岁时，他又到一个细工木匠那里去当学徒工。然而，莫兹利对机械始终很感兴趣，只是一直没有机会摆弄而已。

15岁时，他说服了双亲，到附近的一个铁匠铺当了一名学徒工，并学习加工铁制品。他干活很卖力，并在较短的时间里成了一名得力的助手，也因此学到了一手加工金属的好手艺。他掌握了作为机械工的基本技术，其中，他使用锉的本领最高，甚至达到没有人能超越的地步。

随着工业革命的不断深入，人们的生活水平不断提高，家庭和工厂为了防盗以及保卫人身安全，就需要上锁。另外，由于人们的生活不断地改善，很多人都有了过去只有上层社会人物方能持有的钟表等物品。因此，社会需要尽快大批量生产锁、钟表等民用小百货。刚过18世纪，在欧洲各地出现了很多锁匠、钟表，这些人对推动机械技术的发展起了极其重要的作用。

在英国也是一样，锁匠和钟表匠都是优秀的机械工。当时，英国有名的安全锁制造业者约瑟夫·布拉马就是机械制造技术的权威人士，他的工厂成了每个想当一名真正的机械工的人向往的地方。

　　莫兹利18岁的时候，正逢布拉马想雇一名帮手，莫兹利很想进入布拉马的工厂学习，以便提高自己的技术，实现自己的理想。布拉马的要求很高，经人引荐，布拉马对莫兹利进行了严格的考试。莫兹利对自己的技术是很有把握的，布拉马看到莫兹利出色地完成了各种技术考核项目，决定录用他。莫兹利被作为技术高超的工程师录取了，他如愿以偿地成了布拉马的弟子。由于布拉马技术超群，要求严格，并言传身教，莫兹利在他的教导下很快就成为一名优秀的技师。

　　加工金属要用到机床。在莫兹利之前就已有了机床，只是还不够完善，这种机床是依据这个原理被发明的——当人们吃苹果、梨等水果的时候，首先要削皮：一只手转动苹果，另一只手将水果刀插进果皮里面，一圈一圈慢慢转，皮就均匀地削下来了，一个苹果可以削出一整条长皮。

削苹果

今天的机床都带有进给箱,然而,在很早以前机床上是没有这种进给箱的。锁匠和钟表匠为制作小型机械零件,就需要自己组装小型机床,用这种机床进行加工。

那时的机床广泛用于加工木料。木匠用双脚踩动踏板,使机床转动,再手执削刀接触木棒,木屑便被削掉,这样车得的木棒比较光滑。后来,也有人对机床进行过某些改进,但改进后的机床仍然是靠木工手执刀具凭直觉和经验办事。因此,这样削出来的零件谈不上精密。

莫兹利在布拉马那里干了 8 年,因为喜欢搞机械,所以,他工作非常积极,很快他的各项技术都达到了较高的水平,他被誉为布拉马工厂里最有才能的机械工,不久就当了总工长。莫兹利的技术在布拉马的工厂里迅速地得到了提高,不仅如此,他还对机械技术的新事物具有十分正确、敏锐的眼光。另外,就机械技术的发展动向而言,他也具有准确的判断力。

在制锁方面,莫兹利就注意到这样的问题,即锁的需求量越来越大,如果再采用手工制锁的方式的话,其产量将远远满足不了需要。同时,他也考虑到必须借助机械才能进行大批量生产。因此,他认为需要改进过去已有的机床。

按照这一设想,莫兹利开始了机床的研制。他碰到的第一个问题是机器启动后转速高、力量大、床身易动。他就用铸铁制造床身,床身易动的问题便解决了。接着,他在床身上装上滑动刀架,使它与一根粗大的丝杆啮合,这样,滑座便可以左右移动,滑动刀架上即可固定切削刀具。刀架还安了一个手柄,摇动它可使刀具前后移动,这样,加工时可控制齿的力量。于是,这个刀架便能解决前后左右的矛盾,没有死角,达到了灵活自如的程度。在这台机床上,可以加工出按规定要求的任何尺寸的部件。

1794年,他制作了刀具的自动进给装置——进给箱。此时,他还设计了水压机泵的密封装置。

26岁那年,莫兹利已经在布拉马工厂干了8年,因生活难以维持,他要求布拉马增加工资,但遭到拒绝。于是,他便另起炉灶,于1797年开办了一个新工厂。

莫兹利的工厂接受了第一批订货,他小心谨慎地制作了尺寸正确的优质产品。他出色地完成了任务,取得了信誉,接着订货接踵而来。由于他技艺高强,小厂很快兴旺起来,后来雇工达80名,厂越办越大。

莫兹利工厂接到了第一项大宗订货是海军部定做的滑轮。莫兹利于1801年画出了图纸,1802年完成了制作滑轮的全部机械设备。为了完成这项订货,莫兹利制作的机床达44台,最后他顺利地完成了海军的这批订货。

莫兹利立志在他的工厂里进行新的发明,当然这也包括他改进了过去的各种机械,同时也制作了新式工具,总之,他为研究新技术绞尽了脑汁。

名句箴言

神圣的工作在每个人的日常事务里，理想的前途在于一点一滴做起。

——谢觉哉

莫尔斯的发明之旅

中国有句谚语："三十不学艺"，就是说人到了 30 岁以后不要再改变职业，但如果你了解了莫尔斯发明电报机的经历，就不得不相信真的是"事在人为"了。

塞缪尔·莫尔斯是一名出色的画家，他曾两度赴欧洲留学，在肖像画和历史绘画方面取得了非凡的成就，并于 1826—1842 年任美国画家协会主席。

　　一次平常的旅行改变了莫尔斯的人生轨迹,电报机也因此登上了历史的舞台,通信史从此翻开了崭新的一页。

　　莫尔斯是在 1832 年从法国返回美国的旅途中萌生了发明电报的愿望的,就是这个愿望改变了整个世界。当时,莫尔斯 41 岁,他在法国学了 3 年绘画后坐轮船返回祖国。轮船在大西洋中航行,为了打破长途旅行的沉闷气氛,美国医生杰克逊向旅客们展示了一种叫"电磁铁"的新器具,并讲述电磁铁原理。

莫尔斯

　　杰克逊滔滔不绝地讲述着电磁学的一些知识,41 岁的美国画家莫尔斯被深深地吸引住了。杰克逊的一句话深深地印在了莫尔斯的脑海里,杰克逊说:"实验证明,不管电线有多长,电流都可以快速地通过。"这句话使莫尔斯产生了遐想:既然电流可以瞬息通过导线,那能不能用电流来进行远距离传递信息呢？莫尔斯为自己的想法兴奋不已，从这以后，他毅然改行投身于电学研究领域。

回到美国后，莫尔斯担任纽约大学美术教授来维持生活。教学之余，他把大量精力都投入到电报机的设计上。1835年，莫尔斯毅然放弃绘画，专心攻读电磁学，一门心思地进行电报装置的制作。在他的画册上，再也见不到写生画和肖像画，见到的只是各式各样的电报设计方案和草图。

烽火台

其实，数字通信并不是什么新鲜事，早在遥远的古代，数字通信就出现了。那时，人们为了传递敌人入侵的警报，每隔一定距离设置一个烽火台，这个烽火台可以说是世界上最早的数字通信装置了。按照事先的约定，烽火台点火是一种状态，意思是有敌人入侵；无火则是另一种状态，意思是平安无事，用现代语言来说，这就是利用光信号来传送"1"和"0"两种符号，其中"1"表示"点火"，"0"表示"无火"。实际上，这就是最原始、最简单的数字通信。

人类通信产生根本性的变化是从把电作为信息载体后发

生的。

很早以前，人们就试图用电来进行通信，因为与其他通信方式相比，用电通信的最大优点是快捷。1753年，有人设想借助电感应来进行通信。那时，电池还没发明出来，对电的研究还停留在静电上。一位叫摩尔逊的人曾经架设了26条电线，每一条线代表一个英文字母。在某条电线通电的时候，在另一端放置的小纸球就被静电所吸引，记下一个字母，这样由一个个字母组成词句，就可以传递信息了，这应该是电报机的雏形。然而这种方法既原始又落后，需要的设备非常庞杂，并且静电感应传递不远，因而，这种电报机没能在实际中得到应用。以后，又有人在此基础上做了改进，如用单根导线代替26根导线、以木球代替纸球等等，但终究没能达到实用的目的。

有关电流通信机的种种设想，虽然在当时还不十分成熟，而且缺乏应用推广的经济环境，但却让人们看到了电信时代的希望之光。

电报机

19世纪的前30年，人类的科学技术取得了重大进展，例如发明了蒸汽机车、英国利物浦和曼彻斯特之间的第一条公用铁路正式通车以及6600马力的"东方巨轮"的下水等等都标志着一个高速通信时代的到来。电信时代的序幕也由此渐渐拉开。

实用的电报机的发明需要电学的进一步发展。1799年，伏打发明了金属电堆，人们可以很容易地得到恒稳电流。1820年，奥斯特发现了电流的磁效应。从此，人们把电与磁统一起来进行研究，电磁学的发展进入了崭新的阶段。就是在这个基础上，美国的莫尔斯在用电流传递信息上取得了重大的突破。他发明了只用一根导线，使用突发电流传输信号的电报机。

莫尔斯前进的道路上困难重重。由于莫尔斯物理知识贫乏，他要发明电报机首先要学会和掌握电磁学的知识。回到美国后，他只得向纽约大学物理学教授盖尔请教，盖尔教授悉心教他组装电池和制造电磁铁的方法。经过莫尔斯的努力，1835年底，他终于用旧材料制成了第一台电报机。

莫尔斯的发报机的结构是这样的：先把凹凸不平的字母版排列起来，拼成文章，然后让字母版慢慢地触动开关，得以继续地发出信号。收报机的结构则是这样：不连续的电流通过电磁铁，牵动摆尖左右摆的前端，它与铅笔连接，在移动的红带上划出波状的线条，经译码还原成电文。莫尔斯制成的第一台电报机只能在2—3米的距离内有效，这是因为收发双方距离太大，电阻会相应增加而导致接收失灵。要想使电报应用到实际生活中，那就必须进一步改进。

莫尔斯买来了各种各样的实验仪器和工具,夜以继日地在实验室里埋头苦干,实验桌上到处是磁铁、导线和线圈。他设计了一个又一个的方案,绘制了一幅又一幅的草图,进行了一次又一次地试验,但是迎接他的却是一次又一次地失败。莫尔斯陷入了深深的失望之中,几次想重操旧业,重新拿起画笔。然而,每次当他拿起画本,看到自己在本子上写的"电报"字样时,又为自己当初立下的誓言所激励,他从绝境中振作起来。

莫尔斯冷静地分析失败的原因所在。几年的探索与实践使他相信,自己的探索方向是正确的,然而问题出在哪里呢? 他认真地反省了自己的设计思路,检查了做过的实验,发现用电磁铁做

电池

成电铃来发信号是行不通的,必须寻找其他的途径。

莫尔斯拜著名电磁学家、感应电流的发现者亨利为师,向他虚心求教,亨利让莫尔斯把电磁铁换成使用绝缘导线的强力电磁铁,并用继电器把每个备有电池的电路串联起来,另一

条则用地线代替。

1836 年,莫尔斯终于找到了解决问题的方法,他在笔记本上记下了一个新的设计方案:"电流只要停止片刻,就会出现火花。有火花出现可以看成是一种符号;没有火花出现是另一种符号;没有火花的时间长度又是一种符号。这 3 种符号如果组合起来代表数字和字母,就可以通过导线来传递文字了。"

莫尔斯电报究竟是如何传递信息的呢? 在发电报时,电键将电路接通或断开,信息是以"点"和"划"的电码形式来传递的。发一个"点"需要 0.1 秒,发一个"划"需要 0.3 秒。在这种情况下,电信号的状态只有两种:按键时有电流,不按键时无电流。有电流时称为传号,用数字"1"表示;无电流时叫空号,用数字"0"表示。一个"点"就用"1、0"来表示,一个"划"就用"1、1、1、0"来表示。莫尔斯电报将要传送的字母或数字用不同排列顺序的"点和划"来表示,这就是莫尔斯电码,也是电信史上最早的编码。

莫尔斯的新奇构思是电报发明的一个重大突破,直到今天,莫尔斯电码仍被人们使用着。

莫尔斯在研究取得实质性的进展以后,马上投入到紧张的工作之中,他要把自己的设想变为实用的装置。那时,研制费用的短缺使他难以继续进行实验,他只能抽出一部分时间来进行美术教学。他把教学得到的报酬全部用到电报的研制上,有时穷得连买食物的钱也没有。经过一年的努力,莫尔斯终于在 1837 年研制成功了一台传递电码的装置,他满怀希望地把它称为"电报机"。

1838 年 1 月,莫尔斯进行 3 英里收发电报的试验并获得了成功。1840 年 4 月,这项发明申请到了专利。他试图说服别人投资生产电报机,但没人感兴趣。莫尔斯只得到欧洲去活动,希望电报机能在欧洲推广应用。然而这时英国的惠斯通已经发明了电磁电报,俄国的希林也造出了其他样式的电报机。这些电报机,大大延长了通信距离,达到了可以实际应用的水准。

1842 年,莫尔斯终于盼来了大展宏图的时机,美国国会通过了开发电报技术的议案。1843 年,美国国会决定拨款 3 万美元架设华盛顿和巴尔的摩之间长距离的电报线路,线路全长 64.4 千米。第二年长距离电报收发又获

华盛顿

得成功。1844 年 5 月 24 日是世界电信史上最光辉的一天。这一天,在美国国会大厅里举行了一次隆重的电报机通信实验活动。在座无虚席的国会大厦里,莫尔斯踌躇满志地向应邀前来的科学家和政府人士介绍了电报机的原理。他的演讲激起了听众们的极大兴趣,人们都焦急地等待着"用电线传递消息"的奇迹发生。

莫尔斯接通电源,用他那激动得有些颤抖的双手操纵着他倾 10 余年心血研制成功的电报机,向巴尔的摩发出了人类历史上的第一份电报:"上帝创造了何等奇迹!"随着一连串"嘀嘀嗒嗒"声的响起,电文通过电线很快就传到数十千米外的巴尔的摩,莫尔斯的助手接到了他传来的电文,并准确无误地把电文译了出来。莫尔斯的电报终于成功了!

电报机最开始在美国,而后在英国和欧洲的其他国家都引起了轰动。从此以后,1844 年 5 月 24 日成了国际公认的电报发明日。莫尔斯的电报因为使用了电报编码,具有简单、准确和经济实用的特点,比其他人发明的电报优越得多,因此很快便风靡全球。如今,莫尔斯电码已成为现代电报通信的基本传信方法。

1848 年,莫尔斯筹建了私人股份公司。1850 年,莫尔斯筹建了电报公司。莫尔斯在电报的发展和普及方面做出了重大贡献。

电报的发明,拉开了电信时代的序幕,开创了人类利用电来传递信息的历史。从此,人类信息传递的速度大大加快了。"嘀嗒"一响,电报便可以载着人们所要传送的信息绕地球赤道走上 7 圈,这种速度是以往任何一种通信工具都不能达到的。

机械工业的发展在人类社会的进程中起着重要的作用,如18世纪中叶以后,英国纺织机械的出现和使用,使纺纱和织布的生产技术迅速提高;蒸汽机的出现和推广使用,不仅促进了煤产量的迅速增长,并且使炼铁炉的鼓风机有了机器动力,从而使铁产量成倍增长,煤和铁的生产发展又推动了各行各业的发展;蒸汽机用于交通运输,出现了蒸汽机车、铁道、蒸汽轮船等,又促进了煤、铁工业和其他工业的发展;汽轮机、内燃机和各种机床相继出现;电报的出现,缩短了世界各地人们之间的距离。上帝创造了何等奇迹!

工业时代的曙光

各式各样的机工械具

一个不注意小事情的人，永远不会成就大事业。

——卡耐基

名句箴言

机床

机床是现代机械的一个重要组成部分，是对金属或其他材料的坯料或工件进行加工，使之获得所要求的几何形状、尺寸精度和表面质量的机器。机械产品的零件通常都是用机床加工出来的。机床是制造机器的机器，也是能制造机床本身的机器，这是机床区别于其他机器的主要特点，故机床又称为工作母机或工具机。

机床

机床主要包括金属切削机床，主要用于对金属进行切削加工；木工机床，用于对木材进行切削加工；特种加工机床，用物理、化学等方法对工件进行特种加工，锻压机械。狭义的机床仅指使用得最广泛、数量最多的金属切削机床。

机床是机械工业的基本生产设备，是进行了工业生产不可缺少的工具，它的品种、质量和加工效率直接影响着其他机械产品的生产技术水平和经济效益。因此，机床工业的现代化水平和规模以及拥有机床的数量和质量是一个国家工业发展程度的重要标志之一。

机床的发展简史

公元前 2000 多年出现了一种树木机床，这种树木机床是机床最早的雏形。工作时,脚踏绳索下端的套圈,利用树枝的弹性使工件由绳索带动旋转,手拿贝壳或石片等作为刀具,沿板条移动工具切削工件。中世纪的弹性杆棒机床运用的仍是这一原理。

15 世纪,钟表和武器的需求量增大,出现了钟表匠用的螺纹机床和齿轮加工机床以及水力驱动的炮筒镗床。1500 年左右,意大利人列奥纳多·达·芬奇曾绘制过机床、镗床、螺纹加工机床和内圆磨床的构想草图,其中已有曲

天工开物

柄、飞轮、项尖和轴承等新机构。中国明朝出版的《天工开物》中也载有磨床的结构,这种磨床用脚踏的方法使铁盘旋转,加上沙子和水剖切玉石。

18 世纪,工业领域进行了一场革命,这场革命推动了机床的发展。1774 年,英国人维尔金森发明了较精密的炮筒镗床。第二年,他用这台炮筒镗床镗出的汽缸满足了瓦特

蒸汽机的要求。为了镗制更大的汽缸,他又于 1776 年制造了一台水轮驱动的汽缸镗床,促进了蒸汽机的发展。从此,机床开始用蒸汽机通过天轴驱动。

1797 年,英国人莫兹利制成了由丝杠传动刀架的机床,这种机床能实现机动进给和车削螺纹,这是机床结构的一次重大变革,莫兹利被称为"机床之父"。

19 世纪,由于纺织、动力、交通运输机械和军火生产的推动,各种类型的机床涌现出来。1817 年,英国人罗伯茨创制龙门刨床;1818 年美国人惠特尼制成卧式铣床;1876 年,美国制成万能外圆磨床;1835 和 1897 年又先后发明了滚齿机和插齿机。

电动机发明了之后,机床开始先采用电动机集中驱动,后广泛使用单独电动机驱动的方法。20 世纪初,为了加工精度更高的工件、夹具和螺纹加工工具,坐标镗床和螺纹磨床相继出现。同时为了适应汽车和轴承等工业大量生产的需要,各种自动机床、仿形机床、组合机床和自动生产线也研制出来。

随着电子技术的快速发展,美国于 1952 年研制成第一台数字控制机床;1958 年研制成能自动更换刀具以进行多工序加工的加工中心。从此,随着电子技术和计算机技术的发展和应用,机床在驱动方式、控制系统和结构功能等方面都发生显著的变革。

机床的分类

由于分工的不同,机床也有很多的种类。金属切削机床可按不同的分类方法划分为多种类型。

按加工方式或加工对象可分为机床、钻床、镗床、磨床、齿轮加工机床、螺纹加工机床、花键加工机床、铣床、刨床、插床、拉床、特种加工机床、锯床和刻线机等。每类中又按其结构或加工对象分为若干组,每组中又分为若干型。

按工件大小和机床重量可分为仪表机床、中小型机床、大型机床、重型机床和超重型机床;按加工精度可分为普通精度机床、精密机床和高精度机床;按自动化程度可分为手动操作机床、半自动机床和自动机床;按机床的自动控制方式,可分为仿形机床、程序控制

生产线

机床、数字控制机床、适应控制机床、加工中心和柔性制造

系统;按机床的适用范围,又可分为通用机床、专门化机床和专用机床。

专用机床中有一种以标准的通用部件为基础,配以少量按工件特定形状或加工工艺设计的专用部件组成的自动或半自动机床,称为组合机床。

对一种或几种零件的加工按工序先后安排一系列机床,并配以自动上下料装置和机床与机床间的工件自动传递装置,这样组成的一列机床群称为切削加工自动生产线。

柔性制造系统是由一组数字控制机床和其他自动化工艺装备组成的,用电子计算机控制,可自动地加工不同工序的工件,能适应多品种生产。

机床的工作

机床的工作是整个工作流程的重要组成部分,它主要体现在对坯料的切削加工。机床的切削加工是由刀具与工件之间的相对运动来实现的,其运动可分为表面形成运动和辅助运动两类。

表面形成运动是使工件获得所要求的表面形状和尺寸的运动,它包括主运动、进给运动和切入运动。主运动是从工件毛坯上剥离多余材料时起主要作用的运动,它可以是工件的旋转运动、直线运动,也可以是刀具的旋转运动或直线运动；进给运动是刀具和工件待加工部分相向移动，使切削得以继续进行的运动，如车削外圆时刀架溜板沿机床导轨的移动等；切入运动是使刀具切入工件表面一定深度的运动，其作用是在每一切削行程中从工件表面切去一定厚度的材料，如车削外圆时小刀架的横向切入运动。

辅助运动主要包括刀具或工件的快速趋近和退出、机床部件位置的调整、工件分度、刀架转位、送夹料、启动、变速、换向、停止和自动换刀等运动。

机床的组成部分

各类机床通常有以下基本部分：支承部件，用于安装和支承其他部件和工件，承受其重量和切削力，如床身和立柱等；变速机构，用于改变主运动的速度；进给机构，用于改变进给量；主轴箱用以安装机床主轴；刀架、刀库；控制和操纵系统；润滑系统以及冷却系统。

机床附属装置包括机床上下料装置、机械手、工业机器人等机床附加装置以及卡盘、吸盘弹簧夹头、虎钳、回转工作台和分度头等机床附件。

机床的技术性能的指标可从加工精度和生产效率两个方面来评价。加工精度包括被加工工件的尺寸精度、形状精度、位置精度、表面质量和机床的精度保持性。生产效率涉及切削加工时间和辅助时间以及机床的自动化程度和工作可靠性。这些指标一方面取决于机床的静态特性，如静态几何精度和刚度；而另一方面与机床的动态特性，如运动精度、动刚度、热变形和噪声等关系更大。

机床有着美好的未来，它的发展趋势是：进一步应用电子计算机技术、新型伺服驱动元件、光栅和光导纤维等新技术，简化机械结构，提高和扩大自动化工作的功能，使机床适应于纳入柔性制造系统工作；提高功率主运动和进给运动的速度，相应提高结构的动静刚度以适应采用新型刀具的需要，提高切削效率；提高加工精度并发展超精密加工机床，以适应电子机械、航空航天等新兴工业的需要；发展特种加工机床，以适应难加工金属材料和其他新型工业材料的加工。

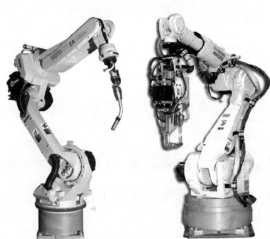

工业机器人

内燃机

内燃机是通过使燃料在机器内部燃烧，并将燃料燃烧放出的热能直接转换为动力的热力发动机。

内燃机有广义和狭义之分。广义上的内燃机不仅包括往复活塞式内燃机、旋转活塞式发动机和自由活塞式发动机，也包括旋转叶轮式的燃气轮机、喷气式发动机等，但人们经常说到的内燃机是指活塞式内燃机。

内燃机

活塞式内燃机中经常用到的是复活塞式内燃机。活塞式内燃机将燃料和空气混合,在其气缸内燃烧,释放出的热能使气缸内产生高温高压的燃气。燃气膨胀推动活塞做功,再通过曲柄连杆机构或其他机构将机械功输出,驱动从动机械工作。

内燃机的发展历史

19 世纪 60 年代,活塞式内燃机问世,经过不断改进和发展,现在的活塞式内燃机已是比较完善的机械。它热效率高、功率和转速范围宽、配套方便、机动性好,获得了广泛的应用。全世界各种类型的汽车、拖拉机、农业机械、工程机械、小型移动电站和战车等都以内燃机为动力。海上商船、内河船舶和常规舰艇以及某些小型飞机也都由内燃机来推进。世界上内燃机的保有量在动力机械中居首位，它在人类活动中占有非常重要的地位。

活塞式内燃机最初准备用火药爆炸获取动力，但是火药爆炸很难控制，所以这个方案没有取得成功。1794 年，英国人斯特里特提出从燃料的燃烧中获取动力，并且第一次提出了燃料与空气混合的概念。1833 年，英国人赖特提出了直接利用燃烧压力推动活塞做功的设计。在此之后人们陆续提出过各种各样的内燃机方案，但在 19 世纪中叶以前均未付诸实用。直到 1860 年，法国的勒努瓦模仿蒸汽机的结构设计制造出一台煤气机，这样，内燃机方案才应用到实践中来。这是一种无压缩、电点火、使用照明煤气的内燃机，勒努瓦在这台煤气机中采用了弹力活塞环，这台煤气机的热效率为 4% 左右。

英国的巴尼特提议过将可燃混合气在点火之前进行压缩，随后又有人著文论述对可燃混合气进行压缩的重要作用，并且指出压缩可以大大提高勒努瓦内燃机的效率。1862 年，法国科学家罗沙对内燃机热力过程进行理论分析之后，提出提高内燃机效率的要求，这就是最早的四冲程工作循环。

  1876 年,德国发明家奥托运用罗沙四冲程工作循环的原理,创制成功第一台往复活塞式、单缸、卧式、3.2 千瓦的四冲程内燃机,内燃机以煤气为燃料,采用火焰点火,转速为 156.7 转/分,压缩比为2.66,热效率达到 14％,运转平稳。在当时,无论是功率还是热效率,它都是最高的。

  奥托内燃机获得推广,它的性能也在不断提高。1880 年单机功率达到 11—15 千瓦,到 1893 年又提高到 150 千瓦。由于压缩比的提高,热效率也随之增高,1886 年热效率为 15.5％,1897 年已高达 20％—26％。1881 年,英国工程师克拉克研制成功第一台二冲程的煤气机,并在巴黎博览会上展出。

  随着石油的大量开发,比煤气易于运输携带的汽油和柴油引起了人们的关注,首先被成功获得试用的是易于挥发的汽油。1883 年,德国的戴姆勒创制成功第一台立式

活塞

汽油机,它的特点是轻型和高速。当时其他内燃机的转速不超过 200 转/分,这种立式汽油机的转速却一跃而达到

800 转/分,特别适应交通运输机械的要求。1885—1886 年,汽油机作为汽车动力运行成功,这大大推动了汽车的发展,汽车的发展又反过来促进了汽油机的改进和提高。不久汽油机又用作了小船的动力。

1892 年,德国工程师狄塞尔受面粉厂粉尘爆炸的启发,设想将吸入气缸的空气高度压缩,使其温度超过燃料的自燃温度,再用高压空气将燃料吹入气缸,使之着火燃烧。他首创的压缩点火式内燃机于 1897 年研制成功,为内燃机的发展开拓了新途径。

狄塞尔最初力图使内燃机实现卡诺循环,以求获得最高的热效率,但实际上做到的是近似的等压燃烧,其热效率达 26%。压缩点火式内燃机的问世,引起了世界机械业的广泛关注,压缩点火式内燃机也以其发明者之名命名为"狄塞尔引擎"。

柴油机

这种压缩点火式内燃机大多用柴油为燃料,故又称为柴油机。1898 年,柴油机首先用于固定式发电机组,1903年用作商船动力,1904 年装于舰艇,1913 年第一台以柴油机为动力的内燃机车制成,1920 年左右开始用于汽车和农业机械。

早在往复活塞式内燃机诞生以前,人们就曾试图创造旋转活塞式的内燃机,但没有取得成功。1954 年,联邦德国工程师汪克尔解决了内燃机的密封问题后,并于 1957 年研制出旋转活塞式发动机,这种发动机被称为"汪克尔发动机"。"汪克尔发动机"具有近似三角形的旋转活塞,在特定型面的气缸内做旋转运动,按奥托循环工作。这种发动机功率高、体积小、振动小、运转平稳、结构简单、维修方便,但它也有很大的不足,比如燃料经济性较差、低速扭矩低、排气性能不理想,因而现在只有个别型号的轿车采用这种发动机。

内燃机的组成

内燃机是一个复杂的装置,其组成部分很多。往复活塞式内燃机的组成部分主要有曲柄连杆机构、机体和气缸盖、配气机构、供油系统、润滑系统、冷却系统、起动装置等。

气缸是一个圆筒形金属机件。密封的气缸是实现工作循环、产生动力的源地。各个装有气缸套的气缸安装在机体里，它的顶端用气缸盖封闭着。活塞可在气缸套内往复运动，并从气缸下部封闭气缸，从而形成容积做规律变化的密封空间。燃料在这个密封的空间内燃烧，产生的燃气动力推动活塞运动。活塞的往复运动经过连杆推动曲轴做旋转运动，曲轴再从飞轮端将动力输出。由活塞组、连杆组、曲轴和飞轮组成的曲柄连杆机构是内燃机传递动力的主要部分。

活塞组由活塞、活塞环、活塞销等组成。活塞呈圆柱形，上面装有活塞环，借以在活塞往复运动时密闭气缸。上面的几道活塞环称为气环，用来封闭气缸，防止气缸内的气体泄漏，下面的环称为油环，用来将气缸壁上的多余的润滑油刮下，防止润滑油窜入气缸。活塞销呈圆筒形，它穿入活塞上的销孔和连杆小头中，将活塞和连杆连接起来。连杆大头端分成两半，由连杆螺钉连接起来，它与曲轴的曲柄销相连。连杆工作时，连杆小头端随活塞做往复运动，连杆大头端随曲柄销绕曲轴轴线做旋转运动，连杆大小头间的杆身做复杂的摇摆运动。

曲轴的作用是将活塞的往复运动转换为旋转运动，并将膨胀行程所做的功通过安装在曲轴后端上的飞轮传递出去。飞轮能储存能量，使活塞的其他行程能正常工作，并使曲轴旋转均匀。为了平衡惯性力和减轻内燃机的振动，在曲轴的曲柄上还适当安装平衡装置。

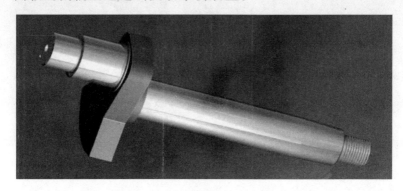

曲轴

气缸盖中有进气道和排气道，内装进、排气门。新鲜充量经空气滤清器、进气管、进气道和进气门充入气缸。膨胀后的燃气经排气门、排气道和排气管，最后经排气消声器排入大气。进、排气门的开启和关闭是由凸轮轴上的进、排气凸轮通过挺柱、推杆、摇臂和气门弹簧等传动件分别加以控制的，这一套机件称为内燃机配气机构。通常由空气滤清器、进气管、排气管和排气消声器组成。

内燃机均设有供油系统，这个供油系统是向气缸内供入燃料的。汽油机通过安装在进气管入口端的化油器将空气与汽油按一定比例混合，然后经进气管供入气缸，由汽油机点火系统控制的电火花定时点燃。柴油机的燃油则通过柴油机喷油系统喷入燃烧室，在高温高压下自行着火燃烧。

内燃机气缸内的燃料燃烧使活塞、气缸盖和气门等零件受热，温度升高。为了保证内燃机的正常运行，上述零件必须在许可的温度下工作,从而使内燃机不致因过热而损坏,所以必须备有冷却系统。

内燃机不能从停止状态自行转入运转状态,必须借助外力转动曲轴,使之起动,这种产生外力的装置称为起动装置。起动装置常用的有电起动、压缩空气起动、汽油机起动和人力起动等方式。

内燃机的工作

内燃机的工作循环由进气、压缩、燃烧和膨胀、排气等过程组成。这一系列过程中只有膨胀过程是对外做功的过程,其他过程都是为更好地实现做功过程而准备的过程。按实现一个工作循环的行程数,工作循环可分为四冲程和二冲程两类。

四冲程是指在进气、压缩、膨胀和排气四个行程内完成一个工作循环,在这段时间里曲轴旋转两圈。进气行程时,此时进气门开启,排气门关闭。流过空气滤清器的空气或经化油器与汽油混合形成的可燃混合气,经进气管道、进气门进入气缸;压缩行程时,气缸内气体受到压缩,压力增高,温度上升;膨胀行程是在压缩上止点前喷油或点火,使混合气燃烧,产生高温、高压,推动活塞下行并做功;排气行程时,活塞推挤气缸内废气经排气门排出。此后再由进气行程开始,进行下一个工作循环。

二冲程是指在两个行程内完成一个工作循环,在这段时间里曲轴旋转一圈。首先,当活塞在下止点时,进、排气口都开启,新鲜充量由进气口充入气缸,并扫除气缸内的废气,使之从排气口排出;随后活塞上行,将进、排气口均关闭,气缸内充量开始受到压缩,直至活塞接近上止点时点火或喷油,使气缸内可燃混合气燃烧;然后气缸内燃气膨胀,推动活塞下行做功;当活塞下行使排气口开启时,废气即由此排出活塞继续下行至下止点,这样就完成了一个工作循环。

内燃机的排气过程和进气过程统称为换气过程。换气的主要作用是尽可能把上一循环的废气排除干净,使本循环供入尽可能多的新鲜充量,以使尽可能多的燃料在气缸内完全燃烧,从而发出更大的功率。换气过程的好坏直接影响内燃机的性能。为此除了降低进、排气系统的流动阻力外,主要是使进、排气门在最适当的时刻开启和关闭。

实际上,进气门是在上止点前即开启,以保证活塞下行时进气门有较大的开度,这样可在进气过程开始时减小流动阻力,减少吸气所消耗的功,同时也可充入较多的新鲜充量。当活塞在进气行程中运行到下止点时,由于气流惯性,新鲜充量仍可继续充入气缸,故使进气门在下止点后延迟关闭。

　　排气门也在下止点前提前开启，即在膨胀行程后部分就开始排气，这是为了利用气缸内较高的燃气压力，使废气自动流出气缸，从而使活塞从下止点向上止点运动时气缸内气体压力低些，以减少活塞将废气排挤出气缸所消耗的功。排气门在上止点后关闭的目的是利用排气流动的惯性使气缸内的残余废气排除得更为干净。

　　内燃机的性能主要包括动力性能和经济性能。动力性能是指内燃机发出的功率，表示内燃机在能量转换中量的大小，标志动力性能的参数有扭矩和功率等。经济性能是指发出一定功率时燃料消耗的多少，表示能量转换中质的优劣，标志经济性能的参数有热效率和燃料消耗率。

　　内燃机未来的发展将着重于改进燃烧过程，提高机械效率，减少散热损失，降低燃料消耗率；开发和利用非石油制品燃料、扩大燃料资源；减少排气中有害成分，降低噪声和振动，减轻对环境的污染；采用高增压技术，进一步强化内燃机，提高单机功率；研制复合式发动机、绝热式涡轮复合式发动机等；采用微处理器控制内燃机，使之在最佳工况下运转；加强结构强度的研究，以提高工作可靠性和寿命，不断创制新型内燃机。

少说些漂亮话，多做些日常平凡的事情……

——列宁

名句箴言

齿轮

齿轮是一种机械零件，它能相互啮合，在整个机械领域中应用得极其广泛。现代齿轮技术飞速发展，目前已经达到：齿轮直径由 1 毫米—150 米；齿轮传递功率可达 10 万千瓦；转速可达 10 万转/分；同时，最高的圆周速度达 300 米/秒。

齿轮

齿轮的发展历程

　　齿轮在机械传动中的使用很早就出现了。公元前300多年,古希腊哲学家亚里士多德在《机械问题》中就阐述了用青铜或铁铸齿轮传递旋转运动的问题。中国古代发明的指南车中也使用了整套的齿轮。不过,古代的齿轮是用木料制造或用金属铸成的,只能传递轴间的回转运动,不能保证传动的平稳性,齿轮的承载能力也很小。

　　随着生产水平的提高,齿轮运转的平稳性受到重视。

1674 年，丹麦天文学家罗默首先提出用外摆线作为齿廓曲线，以得到运转平稳的齿轮。

在 18 世纪的工业革命期间，齿轮技术得到快速发展，人们对齿轮进行了大量的研究。1733 年，法国数学家卡米发表了齿廓啮合基本定律；1765 年，瑞士数学家欧拉建议采用渐开线做齿廓曲线。

19 世纪，滚齿机和插齿机出现了，这解决了大量生产高精度齿轮的问题。1900 年，普福特给滚齿机安装

滚齿机

了差动装置，这种装置保证滚齿机能加工出斜齿轮，从此滚齿机滚切齿轮得到普及，展成法加工齿轮占了压倒优势，渐开线齿轮成为应用范围最广的齿轮。

1899 年，拉舍首先提出了变位齿轮的方案并将其运用于实践。变位齿轮不仅能避免轮齿根切，还可以配合中心

距和提高齿轮的承载能力。1923年，美国怀尔德哈伯首先提出制作圆弧齿廓的齿轮的想法，1955年，苏诺维科夫对圆弧齿轮进行了深刻的研究，圆弧齿轮遂得以广泛应用于生产。圆弧齿轮的承载能力和效率都较高，但是没有渐开线齿轮那样容易制造，因此制造方法还有待进一步改进。

齿轮的组成部分

齿轮一般由轮齿、齿槽、端面、法面、齿顶圆、齿根圆、基圆、分度圆等部分组成。

轮齿又叫齿，是齿轮上用于啮合的凸起的部分，这些凸起部分一般呈辐射状排列，与配对齿轮上的轮齿互相接触，这样可以使齿轮连续啮合运转。齿槽指的是齿轮上两个相邻轮齿中间的空隙。端面指的是圆柱齿轮上与齿轮或蜗杆轴线垂直的平面。法面指的是与轮齿齿线垂直的平面。齿顶圆是指齿轮顶端的圆。齿根圆是指槽底上的圆。基圆是形成渐开线的发生线做纯滚动的圆。分度圆是在端面内计算齿轮大小的基准圆。

齿轮的种类

齿轮有很多分类方式，可按齿形、齿轮外形、齿线形状、轮齿所在的表面和制造方法等分成很多种类。

齿轮的齿形指的是齿廓曲线、压力角、齿高和变位。渐开线齿轮很容易制造,因而现在使用的齿轮,渐开线齿轮占绝对优势,而摆线齿轮和圆弧齿轮应用很少。

从压力角方面来说,小压力角齿轮的承载能力较小,大压力角齿轮的承载能力比较高,但大压力角齿轮在传递转矩相同的情况下轴承的负

渐开线齿轮

荷增大,因此这种齿轮仅用于特殊情况。现在齿轮的齿高全部统一,一般均采用标准齿高。变位齿轮的优点很多,它已于广泛应用于各类机械设备中。

齿轮按外形可分为圆柱齿轮、锥齿轮、非圆齿轮、蜗杆齿轮;按齿线形状可分为直齿轮、斜齿轮、人字齿轮、曲线齿轮;按轮齿所在的表面可分为外齿轮、内齿轮;按制造方法可分为铸造齿轮、切制齿轮、轧制齿轮、烧结齿轮等。

齿轮的质量受很多因素的影响,其中制造材料和热处理过程对齿轮的承载能力和尺寸重量的影响最大。20世纪50年代前期,齿轮多用碳钢制造,20世纪60年代改用合金

钢制造,而20世纪70年代齿轮材料多用表面硬化钢制造。

齿面按硬度可分为软齿面和硬齿面两种。软齿面的齿轮承载能力不高,但制造起来相对容易一些,契合性也很好,软齿面多用于传动尺寸和重量都没有什么严格限制以及小量生产的一般机械中。在一组齿轮中,小轮承受的压力较大,因而为使小齿轮的工作寿命与大齿轮的工作寿命大致相等,小轮齿面硬度相对较高。

种类繁多的齿轮

硬齿面齿轮的承载能力很高,它主要是齿轮精切之后再进行淬火、表面淬火或渗碳淬火处理,以提高硬度。但在热处理中,齿轮会产生变形,因而在热处理之后必须进行磨削、研磨或精切,这样才能消除因变形产生的误差,提高齿轮的精度。

制造齿轮常用的钢有调质钢、淬火钢、渗碳淬火钢和渗氮钢。铸钢的强度比锻钢稍低,常用于尺寸较大的齿轮;灰铸铁的机械性能较差,可用于轻载的开式齿轮传动中;球墨铸铁可部分地代替钢制造齿轮;塑料齿轮多用于轻载和要求噪声低的地方,与其配对的齿轮一般用导热性好的钢齿轮。

齿轮的未来

齿轮正向重载、高速、高精度和高效率等方向发展,尺寸小、重量轻、寿命长和经济可靠也是其未来走向。

齿轮理论和制造工艺的进步是进一步研究轮齿损伤的机理,这是建立可靠的强度计算方法的依据,是提高齿轮承载能力、延长齿轮寿命的理论基础;以圆弧齿廓为代表的新齿形会得到发展;新型的齿轮材料和制造齿轮的新工艺将广泛运用;研究齿轮的弹性变形、制造和安装误差以及温度场的分布,进行轮齿修形以改善齿轮运转的平稳性,并在满载时增大轮齿的接触面积,从而提高齿轮的承载能力。

摩擦、润滑理论和润滑技术是齿轮运行的重要工作,研究弹性流体动压润滑理论,推广采用合成润滑油和在油中适当地加入极压添加剂不仅可以大大提高齿面的承载能力,而且也可以提高传动效率。

名句箴言

决定一个人的一生以及整个命运的，只是一瞬之间。

——歌德

泵

泵是一种人们所熟悉的机械，它主要用来输送液体或使液体增压。泵输送液体的原理是将原动机的机械能或其他外部能量传送给液体，使液体能量增加。泵主要用来输送的液体包括水、油、酸碱液、乳化液、悬乳液和液态金属等，也可用来输送液体和气体混合物以及含悬浮固体物的液体。

泵的历史

　　水的输送对人类生活和生产有巨大的影响。古代就已有各种提水的器具，例如埃及的链泵，中国的桔槔、辘轳和水车。除这些之外，比较著名的还有公元前3世纪阿基米德制造的螺旋杆，螺旋杆可以平稳连续地将水提至几米高处，其原理仍为现代螺杆泵所利用。

　　公元前200年左右，古希腊工匠发明了灭火泵，这是一种最原始的活塞泵，已具备标准活塞泵的主要元件，然而活塞泵开始并未推广，只是在出现了蒸汽机之后才得到迅速发展。

　　1840—1850年，美国沃辛顿发明了泵缸和蒸汽缸相对的、蒸汽直接作用的活塞泵，这个活塞泵的发明标志着现代活塞泵的形成。

输液泵

19世纪，活塞泵的发展愈演愈烈，当时活塞泵已广泛应用于水压机等多种机械中。20世纪20年代，工业和生活需水量逐渐增加，低速的、流量受到很大限制的活塞泵逐渐被高速的离心泵和回转泵所代替,但是在高压小流量领域,往复泵仍有很大的应用空间,尤其是隔膜泵、柱塞泵独具优点,应用日益增多。

随着工业上对液体输送的要求日益多样化,回转泵出现了。1588年有了关于四叶片滑片泵的记载,以后陆续出现了其他各种回转泵,但直到19世纪回转泵仍存在泄漏大、磨损大和效率低等缺点。20世纪初,人们解决了转子润滑和密封等问题,并采用高速电动机驱动,这样适合较高压力、中小流量和各种黏性液体的回转泵得到迅速发展。回转泵的类型和适宜输送的液体种类之多为其他各类泵所不及。

列奥纳多·达·芬奇在其绘制的草图中提出了利用离心力输水的想法。1689年,法国物理学家帕潘发明了四叶片叶轮的蜗壳离心泵,但是1818年在美国出现的具有径向直叶片、半开式双吸叶轮和蜗壳的所谓马萨诸塞泵更接近现代离心泵。1851—1875年,带有导叶的多级离心泵相继被发明,使得发展高扬程离心泵成为可能。

1754年,瑞士数学家欧拉提出了叶轮式水力机械的基本方程式,奠定了离心泵设计的理论基础,但直到19世纪末,高速电动机的发明使离心泵获得理想动力源之后,离心泵的优越性才得到大家的重视。在英国的雷诺和德国的普夫莱德雷尔等许多学者的理论研究和实践的基础上,离心泵的效率大大提高,它的性能范围和使用领域也日益扩大,已成为现代社会应用范围最广的泵。

泵的种类

按工作原理可将泵分为容积式泵、动力式泵和其他类型泵,如射流泵、水锤泵、电磁泵、气体升液泵。泵除了可以按工作原理分类外,还有很多种分类方法。例如,按驱动方法可将泵分为电动泵和水轮泵等;按结构可将泵分为单级泵和多级泵;按用途可将泵分为锅炉给水泵和计量泵等;按输送液体的性质可将泵分为水泵、油泵和泥浆泵等。

容积式泵是最常见的一种泵,它依靠工作元件在泵缸内做往复或回转运动,使工作容积交替地增大或缩小,从而使液体的吸入和排出得以进行。工作元件做往复运动的容积式泵称为往复泵,做回转运动的称为回转泵。往复泵的吸入和排出过程在同一泵缸内交替进行,并由吸入阀和排出

泥浆泵

阀加以控制;回转泵则是通过齿轮、螺杆、叶形转子或滑片

等工作元件的旋转作用,迫使液体从吸入侧转移到排出侧。

容积式泵的状态相当稳定,在一定转速或往复状态下的流量是固定的,流量几乎不随压力而改变;往复泵的流量和压力有较大脉动,需要采取相应的消减脉动措施;回转泵一般无脉动或只有小的脉动,它具有自吸能力,泵启动后即能清除管路中的空气然后吸入液体,启动泵时必须将排出管路阀门完全打开。往复泵适用于高压力和小流量的工作;回转泵适用于中小流量和较高压力的工作。总的来说,容积式泵的效率很高,一般超过动力式泵的效率。

动力式泵靠快速旋转的叶轮对液体产生作用力,并将机械能传递给液体,使其动能和压力能增加,最后再通过泵缸,将大部分动能转换为压力能而实现对液体的输送。动力式泵又叫叶轮式泵或叶片式泵,离心泵是最常见的动力式泵。

动力式泵具有很多优点:在一定转速下产生的扬程有一个限定值,扬程随流量而改变;工作稳定,输送连续,流量和压力无脉动;一般无自吸能力,需要将泵先灌满液体或将管路抽成真空后才能开始工作;适用性能范围广;适宜输送黏度很小的清洁液体,特殊设计的泵可输送泥浆、污水。动力式泵主要用于给水、排水、灌溉、流程液体输送、电站蓄能、液压传动和船舶喷射推进等。

除动力式泵外,还有其他类型的泵,这些泵指的是以另

外的方式传递能量的一
类泵。例如射流泵依靠
高速喷出流体,然后将需
要输送的流体吸入泵内,
并通过两种流体混合进
行动量交换来传递能量;
水锤泵利用流动中的水
被突然制动时产生的能
量使其中的一部分水压
升到一定高度;电磁泵使
通电的液态金属在电磁
力作用下产生流动而实

电磁泵

现输送;气体升液泵通过导管将压缩空气或其他压缩气体
送至液体的最底层处,使之形成比液体轻的气液混合流体,
再借管外液体的压力将混合流体压升上来。

泵的性能指数

流量、扬程、轴功率和转速等是泵的性能参数。流量是
指单位时间内通过泵出口输出的液体量,一般采用体积流
量;扬程是单位重量输送液体从泵入口至出口的能量增量,
对于容积式泵,能量增量主要体现在压力能增加上,所以通

常以压力增量代替扬程来表示。泵的效率不是一个独立的性能参数,按公式可以由别的性能参数例如流量、扬程和轴功率计算求得它。反之,已知流量、扬程和效率也可求出轴功率。泵的各个性能参数之间存在着一定的关系,因而可以通过对泵进行试验,分别测得和算出各个参数值,并画成曲线来表示,这些曲线称为泵的特性曲线。每一台泵都有自己的特性曲线,这个特性曲线由泵制造厂提供。通常工厂在给出特性曲线的同时还标明推荐使用的性能区段,这个性能区段即泵的工作范围。

泵到底该在哪个点工作呢?这由泵的曲线与泵的装置特性曲线的交点来确定。因此选择和使用泵,应使泵的工作点落在工作范围内,这样才能保证运转的经济性和安全性。此外,同一台泵输送不同的液体时,特性曲线也会有所改变。通常,泵制造厂所提供的特性曲线大多是指输送干净的凉水时的特性曲线。一般来说动力式泵在使用时,随着液体黏度的增大,效率就会降低,轴功率增大,所以工业上有时将黏度大的液体加热使黏性变小,以提高输送效率。

名句箴言

立志是事业的大门，工作是登门入室的旅途。

——巴斯德

复印机

复印机是现代办公设备不可缺少的一部分，它可以从书写、绘制或印刷的原稿得到等倍、放大或缩小的复印品。复印机工作的速度快，操作简单易学，与传统的铅字印刷、蜡纸油印、胶印有着重要区别，它无需经过其他制版等中间手段就能直接从原稿获得复印品。复印的数量不多时最为合适。

胶印油墨

复印机的历史

20 世纪初，文件和图纸的复印方法主要有蓝图法和重氮法。重氮法比蓝图法更为方便，使用起来更为迅速，因此得到广泛的应用。后来陆续出现了染料转印、银盐扩散转印和热敏复印等多种复印方式。

1938 年，美国科学家卡尔森将一块涂有硫黄的锌板在暗室中摩擦，让锌板带电，然后在锌板上面覆盖带有图像的透明原稿，曝光之后撒上一层石松粉末，原稿图像就显示了出来。这就是静电复印最初的形式。

1950 年，把硒作为光导体、人工操作的第一台普通纸静电复印机问世。1959 年出现了性能更好的 914 型复印机。从这一天开始,复印机的发展速度加快。静电复印成为应用最广的复印方法。

20 世纪 60 年代,人类开始了对彩色复印的研究,对彩色复印的研究使用的方法基本上为三基色分解,后来加黑色成为四色复印。20 世纪 70 年代后期,在第三次国际静

彩色复印机

电摄影会议上发表了用光电泳方法一次彩色成像的研究报告,这比以前所采用的方法又前进了一步。20 世纪 90 年代出现了激光彩色复印机。

复印机的分类

复印机有很多分类方法,按工作原理,复印机可分为光化学复印、热敏复印和静电复印三类。

光化学复印又可以分为直接影印、蓝图复印、重氮复印、染料转印和扩散转印等方法。直接影印法用高反差相纸代替感光胶片对原稿进行摄影，可以增加或缩小比例；蓝图法是在复印纸表面涂上铁盐，原稿为单张半透明材料，两者叠在一起接受曝光，显影后形成蓝底白字图像；重氮法与蓝图法相似，复印纸表面涂有重氮化合物，曝光后在液体或气体氨中显影，产生深色调的图像；染料转印法是原稿正面与表面涂有光敏乳剂的半透明负片合在一起，曝光后经液体显影再转印到纸张上；扩散转印法与染料转印法相似，曝光后将负片与表面涂有药膜的复印纸贴在一起，经液体显影后负片上的银盐即扩散到复印纸上形成黑色图像。

热敏复印是将表面涂有热敏材料的复印纸与单张原稿贴在一起接受红外线或热源照射，图像部分吸收的热量传送到复印纸表面，使热敏材料色调变深即形成复印品。这种复印方法现在主要用于接收传真。

静电复印是现在社会上广泛应用的复印技术，它是用硒、氧化锌、硫化镉和有机光导体等作为光敏材料，在暗处充上电荷接受原稿图像曝光，形成静电潜像，再经显影、转印和定影等过程而成。静电复印又可分为直接法和间接法两种。直接法是在涂有光导材料的纸张上形成静电潜像，然后用液体或粉末的显影剂加以显影，图像定影在纸张表面之后即成为复印品；间接法则是先在光导体表面上形成潜像并加以显影再将图像转印到普通纸上,定影后即成为复印品。20世纪70年代以后,间接法成为静电复印的主流和发展方向。

复印机的构造

　　静电复印机由三个部分构成:原稿的照明和聚焦成像部分;光导体上形成潜像和对潜像进行显影部分;复印纸的进给、转印和定影部分。

　　原稿放置在透明的稿台上,稿台或照明光源匀速移动对原稿扫描。原稿图像由若干反射镜和透镜所组成的光学系统在光导体表面聚焦成像。光学系统可形成等倍、放大或缩小的影像。

　　表面覆有光导材料的底基多数为圆形,这些圆形的光导材料称为光导鼓,也有些是平面的或环形带形式的。以等倍复印时,原稿的扫描速度与光导体

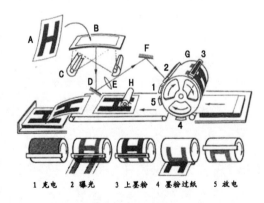

1 光电　2 曝光　3 上墨粉　4 墨粉过纸　5 放电

静电复印机构造原理

线速度相同。光导材料在暗处具有高电阻,当它经过充电电极时,空气被电极的高压电所电离,自由离子在电场的作用

下快速均匀地沉积在膜层的表面上,使之带有均匀的静电荷。

光导体接受从原稿系统来的光线曝光时,它的电阻率迅速降低,表面电荷随光线的强弱程度而消失或部分消失,使膜层上形成静电潜像。经过显影后,静电潜像即成为可见像。

显影方式分为干法和湿法两类,常用的显影方式以干法居多。干法显影通常采用磁刷方式,将带有与潜像电荷极性相反的显影色粉,在电场力的作用下加到光导体表面上。吸附的色粉量随潜像电荷的多少而增减,从而出现有层次的色粉图像。

输纸机构的主要功能是将单张或卷筒的复印纸送到转印部位,使复印纸与光导体表面的色粉图像相接触。在转印电极电场力的作用下,光导体表面上的色粉被吸到纸面上。复印纸与光导体表面脱离后进入定影器,经热加压、冷加压或加热后,色粉中所含的树脂便融化黏结在纸上,成为永久性的复印品图像。

色粉图象经过转印之后,光导体继续移动并通过清洁部位。残存未转印的色粉由毛刷或弹性刮板刷干净,再由消电电极或照明光源消去光导体表面的剩余电荷。光导体再进入充电区时准备开始了下一个复印周期。

复印机的未来

复印技术发展得很快，光导材料的性能也在不断提高，品种也日益增多；复印机在控制性能方面不断改进，多数机器能自动和手动进纸，有些还能自动双面复印；复印机的应用范围日益扩大，各种新技术的不断采用，使它已逐渐超出单纯按原样复制文件和图纸的范围。

现在的复印机已经与现代通信技术、电子计算机和激光技术等结合起来，成为信息网络中的一个重要组成部分。在近距或远距的数据传输过程中复印机可作为读取和记录信息的终端机，是现代办公自动化中不可缺少的环节。

伟大的事业，需要决心、能力、组织和责任感。

——易卜生

名句箴言

照相机

照相机是人们最常用到的摄影光学器械，照相机的产生对社会产生了很大的影响，它帮助我们记住了历史。照相机的工作原理是被摄景物反射出的光线通过照相镜头和控制曝光量的快门聚焦后，被摄景物在暗箱内的感光材料上形成潜像，经冲洗处理构成永久性的影像的一个过程。

照相机的历史

　　照相机最初的结构十分简单,仅包括暗箱、镜头和感光材料。现代照相机经过发展变得比较复杂,具有镜头、光圈、快门、测距、取景、测光、输片、计数、自拍等系统。照相机是一种结合光学、精密机械、电子技术和化学等技术的复杂产品。

照相机

　　公元前 400 年,墨子所著《墨经》中已有针孔成像的记载。13 世纪,在欧洲出现了利用针孔成像原理制成的映像暗箱,人可以进入暗箱观赏映像或描画景物。1550 年,意大利的卡尔达诺将两个凸透镜置于原来的针孔位置上,映像的效果变得非常好,比暗箱更为明亮清晰。1558 年,意大利的巴尔巴罗在卡尔达诺装置的基础上加上光圈,使成像清晰度大为提高。1665年,德国僧侣约翰章设计制作了一种小型的可携带的单镜头反光映像暗箱,但当时没有感光材料,这种暗箱只用在绘画领域。

达盖尔

1822年,法国的涅普斯制出了世界上第一张照片,但这张照片成像不太清晰,而且需要8个小时的曝光。1826年,涅普斯又在涂有感光性沥青的锡基底版上通过暗箱拍摄了一张照片。

1839年,法国的达盖尔制成了世界上第一台实用的银版照相机。这个照相机是由两个木箱组成,把一个木箱插入另一个木箱中进行调焦,用镜头盖作为快门来控制长达30分钟的曝光时间,能拍摄出清晰的图像。

1860年,英国的萨顿设计出带有可转动的反光镜取景器的原始的单镜头反光照相机。1862年,法国的德特里把两只照相机放在一起,一只用于取景,一只用于照相,构成了双镜头照相机的原始形式。1880年,英国的贝克制成了双镜头的反光照相机。

感光材料也在不断发展。1871 年,出现了用溴化银感光材料涂制的干版。1884 年,又出现了用硝酸纤维做基片的胶卷。

放大技术和微粒胶卷的出现使得镜头的质量相应提高。1902 年,德国的鲁道夫利用赛得尔在 1855 年建立的三级像差理论和 1881 年阿贝研究成功的高折射率低色散光学玻璃,制成了著名的"天塞"镜头,这个镜头的成像质量很高。在此基础上,1913 年德国的巴纳克设计制作了使用底片上打有小孔的、35 毫米胶卷的小型徕卡照相机。

1930 年出现彩色胶卷。1931 年,德国的康泰克斯照相机装有运用三角测距原理的双像重合测距器,这就大大提高了调焦准确度,并首先采用了铝合金压铸的机身和金属幕帘快门。

1935 年,德国出现了埃克萨克图单镜头反光照相机,这让调焦

彩色胶卷

和更换镜头更加方便。为了使照相机曝光准确，1938 年柯达照相机开始装用硒光电池曝光表。1947 年，德国开始生产康泰克斯 S 型屋脊五棱镜单镜头反光照相机，使取景器的像不再左右颠倒，并将俯视改为平视调焦和取景，使摄影更为方便。

1956 年，德国发明了自动控制曝光量的电眼照相机。1960 年以后，照相机开始采用了电子技术，出现了多种自动曝光形式和电子程序快门。1975 年以后，照相机的操作开始实现自动化。

照相机的种类

照相机种类繁多，分类方法也有很多。按用途可分为风光摄影照相机、印刷制版照相机、文献缩微照相机、显微照相机、水下照相机、航空照相机、高速照相机等；按照相胶片尺寸，可分为 110 照相机、126 照相机、135 照相机、127 照相机、120 照相机、圆盘照相机；按取景方式分为透视取景照相机、双镜头反光照相机、单镜头反光照相机。

任何一种分类方法都不能将所有的照相机囊括在内，同一照相机又可归入不同种类，如 135 照相机按其取景、快门、测光、输片、曝光、闪光灯、调焦、自拍等方式的不同，就构成一个复杂的型谱。

照相机的工作原理

　　照相机是如何工作的呢？它利用光的直线传播性质和光的折射与反射规律，以光子为载体，把某一瞬间的被摄景物的光信息量，以能量方式经照相镜头传递给感光材料，最终成为可视的影像。

　　照相机的光学成像系统是按照几何光学原理设计的，并通过镜头，把景物影像通过光线的直线传播、折射或反射准确地聚焦在像平面上。

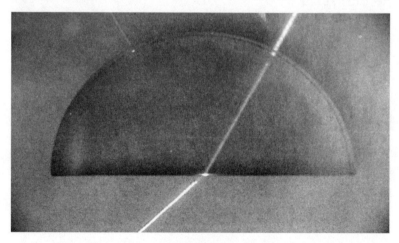

光的折射

　　摄影时，必须严格控制曝光量，也就是控制到达感光材料上的合适的光子量。因为银盐感光材料接收光子量的多少有一限定范围,光子量过少不会形成潜影核,光子量过多会造成曝光,图像又不能分辨。照相机是用光圈改变镜头通光口径大小来控制单位时间到达感光材料的光子量,同时用改变快门的开闭时间来控制曝光时间的长短。

照相机的构造

要完成摄影这个工作,照相机大致要具备成像、曝光和辅助三大结构系统。成像系统包括成像镜头、测距调焦、取景系统、附加透镜、滤光镜、效果镜等;曝光系统包括快门机构、光圈机构、测光系统、闪光系统、自拍机构等;辅助系统包括卷片机构、计数机构、倒片机构等。

镜头是用以成像的光学系统,由一系列光学镜片和镜筒所组成,每个镜头都有焦距和相对口径两个特征数据;取景器是用来选取景物和构图的装置,通过取景器看到的景物,凡能落在画面框内的部分均能拍摄在胶片上;测距器可以测量出景物的距离,它常与取景器组合在一起,通过联动机构可将测距和镜头调焦联系起来,在测距的同时完成调焦。

光学透视或单镜头反光式取景测距器都要人工手动操作,并用肉眼进行分析判断。此外测距的方法还有光电测距、声呐测距、红外线测距等,这样就可免除手动操作,又能避免肉眼判断带来的误差,以实现自动测距。

快门是照相机的重要组成部分,它主要用来控制曝光量,最常见的快门有镜头快门和焦平面快门两类。镜头快门由一组很薄的金属叶片组成,在主弹簧的作用下,连杆和拨圈的动作使叶片迅速地开启和关闭;焦平面

镜头

快门由两组部分重叠的帘幕构成,装在焦平面前方附近。两组帘幕按先后次序启动,以便形成一个缝隙。缝隙在胶片前方扫过,以实现曝光。

对搞科学的人说来，勤是成功之母！

——茅以升

名句箴言

电视机

虽然电脑的应用越来越普遍，但电视仍是我们生活中不可或缺的一部分。电视就是一个倾国倾城的美人，它的魔力足以建立江山，也可将之毁于一旦，它真是让我们又爱又恨。如今，电视机已从过去闪烁不定的黑白影像发展到立体、高清晰度的画面，然而它报道、教育和娱乐的作用始终不变。自从诞生以来，电视几经发展，它走过了一个耐人寻味的历程。

人们普遍认为,广播比电视诞生得要早,其实不然,电视比广播具有更悠久的历史。早在1873年,英国的电气技师迈耶就发现,硒这种金属,一旦受光照射,便能产生电,而硒金属的提炼,在1817年便由瑞典的化学家贝尔杰里乌斯取得了成功。因此,可以说在迄今100年前,人类便在科学的世界里播下了电视的种子。

在迈耶发现的基础上,英国和美国开始了电视的研究。1880年,法国的卢布朗发表了扫描线的原理。4年后,德国的尼颇发明了机械式尼颇圆盘。机械式尼颇圆盘的发明,可以说是今天电

电视机

视发展的基础,但是,由于图像不鲜明,电视的研究在此碰壁。在这个历史性的关键时期,马尔可尼的横跨大西洋的无线电通信获得了成功。德国科学家布拉恩从中得到启示,发明了电视接收机的显像管。电视的发展又进入了一个新的阶段。

1907年,俄国的罗津格开始使用这种显像管的电视,只

不过当时接收机的方式仍然是机械式的。其后不久,英国的坎贝尔·斯因坦宣告电子电视受像方式的研究成功。电视在此时本来可以取得大的进展,然而第一次世界大战开始,关于电视的研究暂时中止,不过人的力量是伟大的,德福雷发明了三极真空管,电视的进程还是向前大大地迈进了一步。

1926年,苏格兰的彼雅德在伦敦举行了电视表演。他请了一个勤杂人员作为屏幕人物,再现了其活动的姿态。同年,美国的京肯斯也同样成功地举行了电视表演。并且,1923年,也就是俄裔美国物理学家弗拉基米尔·兹华伊金申请光电摄像管专利权的同一年,美国开始了试验性的电视广播,用电视在纽约和费城之间播映了一部影片。1928年,通用电气公司设立在纽约州谢奈克塔德市的WGY广播电视台开始了每周三次的电视试验广播,同年还播映了世界上第一幕电视剧。

1939年,电视以新的姿态走出了研究室。这一年,美国无线电公司在纽约世界博览会上展出了自己的成功产品。同年4月30日,罗斯福成为电视屏幕上的第一位美国总统。当时的电视显像管为5—9寸,后来又发展到12寸。第二年,联邦通讯委员会许可了商业电视广播。1941年,美国的NBC和CBS两大广播公司开始了正式的电视广播。当时一周播放15小时,接收机在纽约州已约有6000台。不久,太平洋战争爆发。无线电技术人员以及资材都服从于战争的需要去了,电视又一度停步不前。不过,电波兵器的发达,也为电视工业的发展打下了基础。1945 年,美国的 FCC 利用 VHF,开辟了 12 个频道用于商业电视广播。1952 年,又进而利用 UHF,开辟了 70 个频道。在这期间,比光电析像管更先进的超正析像管研制成功,新型的光导析像管也产生了。

英国是紧紧跟随在美国之后的"电视国"。在 1930 年,英国甚至超过了美国。BBC 从 1936 年就在伦敦开始了电视的正式广播,并已有约 5000 台电视机,但是,由于第二次世界大战,英国约有 7 年时间中止了电视广播,直到 1946 年才又重新开始了这一事业。在日本,电视研究的开创者是高柳健次郎,他于 1928 年任当时的滨松高等工业学校教授的时候,着手对电视进行研究。NHK 也于 1930 年在 NHK 技术研究院开始了电视的研究,并拟于 1940 年在东京召开的奥林匹克运动会为电视广播揭幕的目标。后来,由于战争的发生,奥林匹克运动会未能举行,电视的研究也基本中止。直到 1946 年,电视的研究才又重新正式开始。1952 年,经当时的电波管理委员会许可,在东京地区设立 3 个电视台,名古屋地区设立两个电视台,京阪神地区设立两个电视台。

在人类前进的过程中，每向前迈出一步，都凝聚了无数先知先觉者发明创造的血汗结晶，一部人类文明史，可以说就是人类的创造发明史。

社会之所以能够得到迅速的发展，是因为人类善于创造发明，人一出现在他所生存的土壤上就是一种文化存在，因为人的创造性是人作为文化生物最重要的特征，是人内在的主观精神的体现，人的创造力完全不限于少数人的少数活动，而是人成为人的一种必然性，根植于人本身存在的结构之中。从洪荒远古到文明的今天，人类在极其漫长的历史进程中，正是靠发明创造来圆他们心中一个又一个美丽的梦想。

大约在公元前7000年前后，人类历史上出现了3项意义重大的发明。

首先是人类开始驯化马。马性格温顺、力量大、善奔跑，正好可以弥补人类体能的不足。

考古学家在乌克兰南部德雷夫卡遗址发现了距今6000年前的马牙，将其放在显微镜下，可以清晰地看到马嚼磨损臼齿端面的痕迹。这表明，当时的人已非常聪明，已经发明了驾驭马的有效方法,轻轻拉动缰绳,套在马嘴中的马嚼就会使马头顺势偏转,进而自如地控制马奔跑的方向,这是人类以小搏大的一种控制技术。

在漫长的岁月里,马一次又一次地在军事、经济及文化活动中扮演十分重要的角色。在蒸汽机发明之前的8000多年里,马一直是人类赖以获得力量和速度的主要伙伴。有的历史学家认为,由于美洲印第安人过度捕杀动物,以至于他们没有可以驯化的马,这严重地阻碍了美洲文明的进程。

马

其次是人类发明了纺轮。悬吊着的纺轮快速自由旋转时,可以把自然界中短短的植物纤维相互首尾交接连成长长的纱线,交合成股的纱线比自然界中的纤维更结实,人们可以方便地制造线来缝合兽皮,从此人类有了最早的衣服。

纺轮也为日后纺织技术的发展奠定了最重要的基础,纺织的"纺"字就来源于纺轮的基本动作。几乎所有的历史教科书,都把这种不起眼的、中间有个小圆孔的扁圆纺轮看成人类文明进程中的一个里程碑。

再次是人类造出了船。由于木制的船极易腐烂,世界上第一只船出自何方、由何人所造已不可考。考古学家们现在找到的年代最久远的船是在北欧发现的一艘独木舟。

轮船

有了船,人类活动的疆界便越出陆地,人们可以乘船到达海洋中的岛屿,可以越过海面去另一片陆地,还可以顺流而下到陌生的地方定居。船的发明导致了人类更大规模的交流和交往。直到公元前4000年，人们才给船装上帆，在风力的推动下航行。最早的帆船的考古学证据是在美索不达米亚发现的。

在人类以自己的创造发明改造自然、创造世界的漫长旅途上，正因为有了古代人类一个又一个的创造发明，才有了今天辉煌灿烂的现代文明。如果没有石器，当然就不可能有铜器、铁器；没有长弓就没有弩；如果没有火器，肯定就没有机枪的演变；没有中世纪的星盘，就没有四分仪——六分仪。就像一种艺术取代另一种艺术，一种工具取代另一种工具的历史一样，没有古代的创造发明也就没有今天的科学成果。

整个世界范围内，人类的创造品质和文明习惯同时也显示了文化现象的相似性和一贯性，创造是整个人类的天性：无论是澳洲人、阿兹特克人、意大利人、印度人、中国人、埃及人等，他们都具有创造发明这一属于人类总体进步的属性。总之，文化的发展是无法抗拒的，人类的发明创造和科学探索也必将永远进行下去。

伊拉斯谟的故事

一、伊拉斯谟的故事

亲爱的读者，对于你第一次接触这本极具魅力的书，我真是羡慕不已呀！

虽然我在《以史为鉴》这门学科中拿到了优秀的3分，但发现并非所有的一切都像书中说的那样简单。当然，在今后较长时期内，镜子中我的自信与骄傲会随着岁月的流逝慢慢淡去。虽然牙医的账单在快速增加，但它们毕竟使我那全新的人造牙得以保养。一想起在修订这篇著作时，智齿给我带来的巨大的痛苦和折磨，那些"昂贵账单"实在是微不足道。

我也逐渐意识到那些极具破坏性的暴力情绪不断弱化，正是这些情绪曾让很多理性人士荒废光阴，无聊地追求那些根本就不可能存在的所谓完美女性。不过，一种更令人愉悦的真情实意正取代那些恼人的激情。这些也正是对那些不断寻求完美个性的最佳回报。

此外，一些愚蠢小事还时常会暴露出一种特别明显的冷漠，比如赶火车、参加某个新剧的开幕式或是以嘉宾的身份参加所谓的"重要社交聚会"，等等。其实，坐在家中壁炉旁那张舒适而温暖的椅子上，看着腊肠狗傻蛋和黑猫黑皮种种滑稽可爱的动作，肯定要比坐在

　　坐在家中壁炉旁那张舒适而温暖的椅子上，看着腊肠狗傻蛋和黑猫黑皮种种滑稽可爱的动作，肯定要比坐在A-2座位上，欣赏大都会歌剧院爱德华·约翰逊的表演，或是被最新流行剧的经理奉为座上宾要舒服得多。

A-2座位上，欣赏大都会歌剧院爱德华·约翰逊的表演，或是被最新流行剧的经理奉为座上宾要舒服得多。特别是只有聆听了约翰逊所有的歌剧后，我才能够真正地理解个中玄妙。在歌剧院的那个夜晚，意味着要穿令人相当不适的衬衫，在不恰当的时间吃顿仓促的快餐，最后还要观赏哑剧演员那些前所未闻，以后也不愿闻其详的种种滑稽表演。

不，我在这里所说的，也正是我所强调的，那些所谓的"恐怖之年"出现的妖魔鬼怪，已经被证实只是人们的妄想而已。我再也不想循规蹈矩地重新走那条让我踏上迟暮之年的老路。

迟暮之年的我，曾经很认真地向命运之神抱怨，看看他对我的一生做了怎样的安排！我花了半个世纪之久阅读了大量书籍，能用6种不同的语言读写，还能翻译芬兰文、匈牙利文、中文或格特鲁德·斯泰因少见的土语。在翻译时虽然并不总能做到"雅"，却也能达到"信"。

我发现自己现在面临着一个可怕的问题，那就是追问"年轻时的我为什么不能花费更多时间进行深入阅读呢"。当今是一个信息爆炸的时代，我却发觉自己根本无法跟上时代的步伐。我就像那条拉普拉塔河，虽然有50英里（约80467.2米）那么宽（知识面很宽），却很浅薄。但是，哪怕只是一艘划艇经过时所卷起的泥沙，也能够使春季的密苏里河焕发勃勃生机。

我慢慢养成了一个习惯。不经意中，我会不由自主地陷入对年轻时代点滴岁月的回忆。而且，随着回忆次数的增多，它们已经逐渐镌刻在记忆深处，并生根发芽。如此一来，无论怎样新鲜的体验，也无法激起我心中难以名状的喜悦之情。哪怕是站在让人怕到要窒息的陡峭悬崖边，悬崖对面是风景如画、令人耳目一新的雅致村庄，以及景色怡人的秀丽山峰，也无法让我心神荡漾，心潮澎湃。

亲爱的读者呀，这就是逝去岁月最恶毒的惩罚！对这些老人来说，再也没有哪些新生作家和新的作品能够给他们以慰藉，并给他们带来欢乐。失去所有这一切，生活就变得黯淡无光，了无生趣！

所以，我特别羡慕那些人，他们现在才开始认识德西德里乌斯·伊拉斯谟，刚刚接触在过去4个半世纪里轰动一时并引起极大争议的著作——《愚人颂》。

在与亲朋好友"私下讨论"时，有人认为伊拉斯谟是个像圣人一样的"长鼻子的老男人"，他是"路德的好友"，或是"忍辱负重而不知反抗的人"。那些见多识广的朋友从来不会把他和那位温度计或望远镜的发明者搞混淆。当然，把这位文艺复兴时期最敏锐的思想家误认为是那位头脑糊涂的法国籍犹太人医生诺查丹马斯的概率更是微乎其微。曾有人指出，早在400年前，在那位倒霉的斯拉夫—日耳曼人混血儿杜林·阿道夫·希特勒看到人世间第一缕阳光之前，诺查丹马斯就已经预测到了他那跌宕起伏的一生。而近代一位文学家则认为就是伊拉斯谟撰写了那本描绘了一个私生子每天在古老小镇不停地围着荷兰奶酪徘徊打转的故事书。

如果耐心听完我对这位声名显赫的同城人更多的生活细节的

介绍，你就能更深入地认识他。在我看来，他与那些全身心投入到重塑一个完全陌生人物形象的作家们相比，并无区别。但比起那些只会玩文字游戏的人来说，他给16世纪前叶的教会带去了更多的纷扰。然而，极具讽刺意味的是，他却得到了梵蒂冈主教最由衷的敬重。正如他所期望的那样，他死后，罗马教廷为他举办了一场正式而隆重的葬礼。

这是一个很微妙的话题，因为与一般人相比，伊拉斯谟更具矛盾性和复杂性。但是，有一点我可以确信（我们的人际关系也是如此复杂），即使我努力还原了他的本来面目，他也不会认为这有什么不妥。他的遗体现在安放在美丽的城市巴塞尔，但曾经矗立在我们这座城市里的雕像却没那么幸运。两年前当一群野蛮人把这里夷为平地时，它也被无情地毁掉。所以，对于他，除了回忆外，其他一切都荡然无存。

更微妙的是，我十分珍惜这些回忆。因为无论何时，当我被问及更想在怎样的世界生活时，我总是这样回答："如果能把我带到伊拉斯谟的那个以宽容、智慧、魅力为准则的世界里，我将别无所求。"

最亲爱的读者，看到这些劝诫性的评论后，你是否仍然迫不及待地要翻开紧随其后的《愚人颂》，我完全能预测到你的第一反应是什么。不管这本书中的语言多么陈旧——当然这是我们刻意保留下来的——你都能深入地理解这位年迈的绅士，你可能会被那些出人意料的"现代方法"惊得目瞪口呆，因为这些方法竟然是已经走

中世纪教堂

进坟墓长达400年之久的老人提出来的。甚至，你还会双臂高举，惊奇地高呼："这怎么可能！"任何一个神志清醒的人都不敢写出这样的作品来，尤其是在那个天主教对异教徒的审判正处于鼎盛的时期。在那时，面对16世纪教会的盖世太保，人身安全是没有保障的。伊拉斯谟可能已经意识到，那些对现行秩序的大肆攻击会让他消失在暗无天日的地牢中，只有在刽子手将他带上断头台的那一刻，他才能重见天日。即使是今日今时，对现行政权如此激烈的抨击都是当权者难以容忍的。不同的是，现在对于那些持异议者的处罚，已经不再是处以火刑，而只是让他们陷于财务危机中。

值得一提的是，原本想要大肆谴责一番的教皇陛下本人，在读到那些所谓的不祥篇章时也感受到了纯粹的喜悦。查尔斯大帝虽然不是真正的纯文学爱好者，这本小册子中也没任何言论值得他派人去审查这位胆大妄为的作者。实际上，在我的记忆深处，依稀记得只有两所高等教育学府曾经做过蠢事，他们不遗余力地镇压过类似这样曾给整个国家带来欢娱的努力。一个是鲁汶大学，包括伊拉斯谟在内的那个年代更具解放思想的神学家们一致被看作是产生极端保守主义的温床。另一个是索邦神学院（巴黎大学的前身），它被视为宗教和政治的守旧根据地，但它的不同见解几乎没有引起任何波澜——人们更多地注意到最高领导者是完全赞同作者的立场。

接下来，我们来审视一个有趣的话题：这一切怎么可能发生在由教会完全控制的世界里——教会在中世纪依然占据主导地位——教会在接受这种宗教传统时，是把其作为不可或缺的重要组成部分，还是只在每个周日上午11点时才对它颇感兴趣？我认为答案其实就隐藏在问题之中。人们对于自己的宗教情感还没形成自觉性。因此，他们可能会以旁观者的身份，冷漠地放任自己沉溺在对教会缺陷的讨论中。就像我们今天会以事不关己的态度来讨论现代教育或公共卫生中存在的种种问题一样。我们都知道在教育体系中存在许多问题，也明白要更关爱那些病患和心智不健全者。我们还清醒地意识到，要真想进行改革的话，一次彻底的讨论势在必行。

请记住早在马丁·路德公开对抗教会的几年前，《愚人颂》就已经完成。在此之前，从来没人敢如此大胆地想象罗马教会将分裂成两个互相敌视的派别。因此在伊拉斯谟的小册子中看到的那些咄咄逼人的辛辣批判，实际上也只是关乎一桩家事。不同派别之间为革新而引发的喧闹争斗也只是一场家庭纠纷而已。

我们都明白，家庭纠纷其实是很痛苦的。但是所有人也知道，就家庭纠纷而言，不论是言语上的，抑或是行动上的争论或斗争，最终家庭成员还是会作为一个整体紧密团结在一起。当伊拉斯谟辛辣有力而愤愤不平地揭露那个时代的教会，也就是那个完全控制社会最有权势组织的种种缺陷时，他脑海中最后闪现的是如何在保守派和革新派之间挑弄事非，这样一来，他们就不可能达成令彼此都满意的妥协。

现代评论家们认为，正是《愚人颂》引发了新教徒们的宗教反抗，这场反抗史称"宗教改革"。对于天主教来说，与其说它是一场改革，倒不如说是一次教会分裂。但是伊拉斯谟在撰写这本普受大众欢迎的著作时，仍然纠结于他在"圣城"以及意大利各地的所见所闻。他无法猜想在不远的未来会有怎样深远发展。他无法像让·雅克·卢梭那样，可以基于对"未来完美人类"那些多愁善感的冥想预测那场大变动。伊拉斯谟只写那些真实确凿的事情，只说大众场合应该说的话。从这个角度看，你要想真正理解和接受他，只有认真地阅读他的作品。

伊拉斯谟想要表达这样一种理念："现在的世界已经变得荒谬无理。所以，亲爱的朋友，允许我请愚人女神向你说明当前我们的宗教、政治、社会组织已经变得多么怪诞、愚蠢而低能。只有十足的傻子还在天真地幻想可以在这种状态下悠然自得地生活。"

在伊拉斯谟所处的时代，绝大多数人与他有着相同的想法。所以一旦他在文学上付出一定努力，就必然能很快取得巨大成功。毫无疑问，少数衰老的守旧者和无可救药的反动者会生气地摇头以示反对。他们警告世人，那些看似滑稽可笑而又给人带来些许喜悦的小册子，其实具有强大的破坏力，这种破坏力远胜于满满一地窖带来灾难的硝酸钾。但是，这一切立即遭到其他人的反对和讨伐，他们这样批驳道："哦，我们为什么不能跟自己开个善意的玩笑呢？不要老是那么一本正经，事事严肃吧。一点小小的玩笑可是永远不会给任何人带来任何伤害的呀。"

后一种观点最终占了上风。《愚人颂》不仅没被查禁，反而无数次地一版再版，并被翻译成人类文明的每一种文字。即使是伊拉斯谟最热情的崇拜者们可能也会感到它的风格稍显过时，但它还是作为几乎唯一一本社交小册子被保存下来，从文艺复兴时代流传至今，一直传到我们手中。

就这本小册子而言，它不仅值得人们大加赞扬，还具有里程碑式的成就，在那个鲜少有人论及自己时代罪恶的年代中更显难能可贵。在16世纪上半叶的文学作品中，只有伊拉斯谟的《愚人颂》和托马斯·莫尔的《乌托邦》闻名于世。而伊拉斯谟的小册子又远比莫尔的作品更受欢迎，得到的关注也更多。原因很简单，前者从没过多地宣扬自己，从没发出过进行改革的号召，他只想唤起人们关注那些不堪忍受的处境，特别希望能引起拥有决策大权的当权者的注意。

但是，所有人更倾向于嘲笑伊拉斯谟刻画的那些愚人们，很少有人愿意采取行动去改变什么。伊拉斯谟已经竭尽全力了。在他漫长的生命几尽终结之时，在经历了曾经害怕经历的一切后，他痛苦地发现自己并没有真正实现自己渴求的成就。他还能期望什么呢？还有什么其他的命运能够承载这位人类精神真正的先驱者？

我有个朋友是作曲家。生活在20世纪的他，不得不为那些收听广播广告的大众们谱曲来赚取支付给房东、肉贩和皮毛大衣制造商们的费用，以保证自己的吃穿用度。他日夜操劳，但却时刻精力充沛，活力四射。一天傍晚，像往常一样，我们在一家相当于现代柏拉图老式学会的地方相遇，那是在N.B.C一楼的药店，在那里所谓的贤达人士相约着吃汉堡喝咖啡。我大加赞扬了他在过去半年里的辛勤付出，这样说道："你肯定累坏了！这些无休止的音乐符号肯定把你掏空了吧。"

"哦，并不是这样！"他欢快地答道，"我一点儿也不觉得累。不过，我承认自己从门德尔松、莫扎特和格老秀斯①他们那里受益匪浅，挖掘了不少灵感和素材。"

我为什么会想起这件趣事呢？每当我看到过去10年中那些大受欢迎的传记作品时，就会不由自主地觉得它们一定从《不列颠百科全书》《拉鲁斯百科全书》以及《计算机和信息技术百科全书》中汲取了不少东西。

当然，我不应当泄露我们这个行业（或职业）的秘密。但我也会竭尽所能地强调，在那些博深的快速参考工具中，没有一本参考书是会因为有人简短介绍了鹿特丹的德西德里乌斯·伊拉斯谟的《生活和时代》而蒙受什么损失的。为了避免你老纠结于那些繁多的令人生厌的虚拟历史事件而无法自拔，建议你最好去"百科信息服务"碰碰运气，然后复印一本《大英百科全书》，这样你就可以自由使用。而我却沉溺于"背景"之中。我对这位老者已经相当熟

---

① 格劳休斯，出生于荷兰，基督教护教学者，国际法及海洋法鼻祖，其《海洋自由论》主张公海是可以自由航行，为当时新兴的海权国家如荷兰、英国提供了相关法律原则的基础，以突破当时西班牙和英国对海洋贸易的垄断，并反对炮舰外交。

　　有个朋友是作曲家。生活在20世纪的他，不得不为那些收听广播广告的大众们谱曲来赚取钱币，支付房东、肉贩以及毛皮大衣制造商们的费用，以保证自己的吃穿用度。

悉，认识他已经有半个多世纪了。我觉得可以把他当作自己的祖父一样来评论，或是把他作为我那位最后一次听到他的消息时还活着的叔父，虽然那时希特勒先生可以随时随地让他死于饥饿或严寒。

那么，我第一次与他邂逅是在什么时候呢？嗯，这一切差不多发生在半个多世纪以前，在一种非常自然的状态下我与他碰面了。那是刚过完5岁生日没多久，我就决定自己应当迈出探寻人生的步伐，去那个令人愉悦的缪斯花园一探究竟。每天早上的8点40分，我被托付给老海恩照顾，因为其他人都在工作。这样，我就可以安全而从容地被送到高等教育的殿堂里去学习编织纸垫艺术以及填字游戏。每天早上的8点50分，老海恩和我走过古老而神圣的圣劳伦斯教堂时，一眼就能看到那个高高耸立的雕像，它是心怀感激之情的鹿特丹人为纪念最杰出的市民而树立的。

鹿特丹人德西德里乌斯·伊拉斯谟雕像正全神贯注地翻看左手里那本厚重的金属书，这座雕像正对着他出生时那间简陋房子。当时我一点也不知道鹿特丹人德西德里乌斯·伊拉斯谟是谁，也不明白他何以让人们用这种令人印象深刻的方式来缅怀。老海恩无法解答这些问题，他与大多数在我出生前就生活在这座城市的先辈们一样，根本就不知道他是谁。他们只知道这位俗称简·拉斯默斯的人已经过世很多年了。但是他们并不清楚他究竟做过什么轰轰烈烈的事让他获得如此崇高的荣誉。（鹿特丹人并不习惯把对英雄的崇拜与花费大笔公共基金联系起来）他们只是模糊地觉得他应该是在那场伟大的反西班牙独立战争中名不见传的英雄。不过，那场历时80年且从无休止的战争产生了一大批令人瞩目的英雄人物。如此一来，人们就很容易遗忘或混淆他们（这位穿着下垂长袍的铁质雕

那些"普通民众"仍然生活在与世隔绝的自我封闭世界里，仍然忙于旷日持久的争论。

像的主人公正是如此）。所以人们一般认为他可能是牧师，是那场宗教改革的领导者之一。这可能与他手中所拿的那本厚书有关，毫无疑问，那正是一本《圣经》。正是这本书让我浮想联翩。据说，每当简·拉斯默斯听到正点的钟声敲响时，他就会把书向后翻开一页。因此，每天早上我都恳求老海恩让我在这位安静的朋友面前等上一会儿，等到老圣劳伦斯教堂敲响9点整的钟声，这样我就可以亲眼目睹那个一直渴望看到的翻书画面。但是，那时的荷兰学校却要求9点时，我应当端坐在教室里，所以我从未看到那神奇的翻书一幕。对于这一幕的真实性我坚信不已，就如同我坚信圣尼古拉斯的存在一样。

没过几年，我就发现了事情的真相。伊拉斯谟真的会在听到钟声响起时翻书，但是因为他只是铁质雕像而不是普通人的血肉之躯，所以他根本不可能听到整点钟声的响起。

所以伊拉斯谟在我5岁时就跟我开了一个小小的玩笑，那时他已经与世长辞350年之久了，而这只是个开始。

学校从来没有介绍过他的相关知识。这很正常呀。孩子们都崇拜英雄，而伊拉斯谟并不是一位真正的英雄。当他因自己的信仰而面临着死的考验时他会怎么做，这一点我们并不知晓。也许，他会像他的朋友托马斯·莫尔和约翰·费舍尔一样具有大无畏的英雄气概，会以同样的坚韧刚毅走向断头台。他也清楚地知道可以用自己的行为树立一个正直的道德形象。但是他首先是一位艺术家，因此出于本能，可以立即断定怎样才能保持自己作为中立者的立场。他很少会旗帜鲜明地站出来表达自己究竟是支持还是反对。

他意识到立场的动摇不定、模糊不清也能在精神领域占据优势，这样，就不用一定要判断究竟是绝对的正确还是绝对的错误。最终他成为中间路线最理想的追随者。当然，他永远不可能获得与路德或加尔文同等的声望，后者旗帜鲜明地表明自己的立场，他们拒绝一切诱惑，决不会动摇自己的选择，也不会做一丁点儿让步。

在我们这样的国度，不管是男女老幼，还是那些驯养或野生的动物都充分认识到自己的权利，他们也花费毕生精力去对抗一切真实的或假想的敌人。在这种情况下，伊拉斯谟柔顺而韧性的矛盾个性就不太招人喜欢了。

在我年少时，那场始于300年前发生在知识渊博的神学博士与马丁·路德和约安涅斯·加尔文之间的辩论丝毫没有减弱的趋势，甚至还延续了曾经的激烈状况。社会阶层中那些更为开明的人士几乎个个成为18世纪启蒙运动最坚定的追随者。但是，那些"普通民众"仍然生活在与世隔绝的自我封闭世界里，仍然忙于旷日持久的争论，争论的话题无非是些深奥难懂的诅咒或是相当幼稚的预言诸如此类的。

但是伊拉斯谟始终不愿意在这种争论中表明自己的立场，因为他认为这些精神层面的争论，永远不会也不可能由人类理性的意愿来解决。这样，与其他有名气的同城人相比，他受到的尊重最少。在小学里只是简单提及了他在文学作品方面的卓越才华。但是，在10岁孩子的心目中，"文学作品"是那么地乏善可陈。所以，我们这些孩子对这位中世纪最伟大的古典主义学者、文艺复兴早期的重要人物无法提起任何兴趣，当然对他也缺乏想象力。我们对他的兴趣仅止步于，哦，既然人们为他树立了这个雕像，那么他应该有些水平吧！直到15岁那年，我才真正走进他的世界。那时，主要是通过我那位勤学好问的舅舅慢慢了解他。我的舅舅是几乎完全灭绝的"文艺复兴人"最完美的代表，在我最容易受影响的岁月里他是我心灵和才智发展的重要启蒙者。

就职业而言，我的舅舅是位内科医生。在爱好方面，他是一位优秀的音乐家、有一定造诣的画家、极具天赋的语言学家、博览群书的阅读者，同时他还极具教养，很风趣。他对一切事物都怀有极大好奇心，甚至连最遥不可及的人种问题他都不放过。如此一来，他耗尽了太多的心力和精力，最终凄惨地在完全混沌的黑暗中懵懂地度过晚年。

就是那场伟大的战争把他在清醒状态时执着坚守的行为准则摧毁殆尽（他的睡眠一向比较浅），这可能也导致了他的早衰。但是，处于意气风发时期的他对于一个小男孩来说，不啻为上帝赐给的礼物。特别是这个小男孩每天早上必须费力地记住拉丁和希腊语法，其实他自己很想读读维吉尔和荷马的诗句。这个小男孩对那些不规则语法缺乏兴趣，但它们又是如此重要，老师每次都要掏出那本暗淡的小本子记下那些可怕的分数，而这些分数决定着能不能升级。

由于沿袭了居住在北海岸周围低地国家人们普遍的固执和笨拙，我在学习上相当吃力。因此，当老师们竭尽全力想把我引向积极进步时，年少无知而又傲慢自大的我却总往相反方向滑落，所以我在无奈中度过了长达6年的痛苦岁月。对于一个把教育看得与宗教几乎同等重要的国家来说，我注定成为这种群体教育的失败案例。但是，我将继续沿着自己的方向前行，一切是非功过还是由后人去评说吧。

在我那段令人沮丧的童年岁月里，唯一值得期待和让人快乐的日子当数每个周六和周日了。每到那时，我就离开捷尔这座城市（这里靠近伊拉斯谟经历相似命运的地方），远离那些没完没了的家务活，摆脱那些没有完成的拉丁语和希腊语练习，快乐而无牵挂地来到海牙。在那里，我完全沉醉在舅舅的书籍和画册中，偶尔还可以从那些已经永远闭上的嘴巴里获得只言片语的消息。

19世纪90年代的人通常都会对16世纪初期的人有着无形的说不出来的亲切感。这点在伊拉斯谟身上更是明显。舅舅的个人收藏室里几乎容纳了他所有的作品。在收藏书本被视为非法勾当之前的那段快乐日子，收藏原版卖点小钱是合法的。于是就有了各种不同版本的我们那座城市里许多著名人士的雕刻和画像。在公众的心目中，伊拉斯谟一生中差不多有40年被视为现代的电影明星，他也是16世纪前叶有着最多画像的人物。

三位与他同时代最著名的画家曾经多次为他作画。霍尔拜因、丢勒和昆廷麦希认真地为他画了许多优秀的肖像作品。这样就有了大量的画作、铁像和铜像向我们展示伊拉斯谟工作之余的消遣画面。

如此充分的图像素材（现代学者喜爱这么说）并不能说明伊拉斯谟就是爱慕虚荣。据我们所知，这些图像没有一个是能为他锦上添花的。他所有的画像几乎都是这个世上最好的。据说托马斯·莫尔先生曾经订购过那个所谓 "巴黎的霍尔拜因"。另一幅曾经被博尼费斯·阿梅巴赫收藏，他是伊拉斯谟的遗嘱执行人（在遗嘱中，伊拉斯谟把自己绝大多数且数额可观的财富用在为前途似锦的年轻男子设立奖学金，还为忠贞的年轻女子设立了嫁妆基金），第三幅（那个非常著名的长鼻子）是为坎特伯雷大主教而作的。而我最喜欢的一幅是1523年霍尔拜因所绘制的，这幅肖像画向人们展示了伊拉斯谟50多岁时的形象，那是他离开人世的12年前。他看上去很憔悴，头发（如果还有的话）已经变得灰白，那件厚厚的皮外套看起来丝毫不能帮助他抵御刺骨的寒冷（同时其他大大小小的疾病也加深了他的寒冷感）。正是饱受这些困扰，他患上了世间最严重的

他们在日常生活中的一言
一行满是 "贵族气派"。

19

忧郁症。他那双瘦骨嶙峋的手放在一本书上。那本书上印着两个单词，它们是希腊文，出自他的文集《谎言》，或是我们现在所说的寓言故事。

很少有人像这位孜孜不倦的荷兰人那样做过如此大量繁重的工作，他甚至想赤手空拳地凭借一己之力改变世界，使它变得和谐有序，其乐融融，人与人之间真诚相待，互相宽容，而不是相互仇视。但是很遗憾，他与每一位有着创新思想的先行者一样注定以失败告终。难能可贵的是，他的理想信念潜移默化地影响着社会的发展。

与同样出生于低地国家且具有求知精神的、令人尊重的名人巴鲁赫·德·斯宾诺莎一样，伊拉斯谟也提出了一些观点，认为在西方世界里压迫已经不复存在，高压政治也最终会被消除。毋庸置疑，斯宾诺莎和伊拉斯谟在劳苦大众中并不怎么受欢迎。他们自己也要负点责任。他们在日常生活中的一言一行满是"贵族气派"。作为"文学作品协会"里举足轻重的成员，他们觉得自己肩负着神圣的使命去承担领导者一职，而且他们必须做到"最好"，哪怕是"第二好"也意味着辜负了那些虔诚的追随者。他们从不会为自己做任何打算。他们认为（就像先于他们的孔子和柏拉图一样）只要真正达到"劳心者劳人，劳力者劳于人"，那么教皇、君主和皇族（他们是真正的掌权者）就会相信哲学家们津津乐道的"光明"，就会尽最大努力用道德、正义和共同富裕来正面引导民众。长此以往，整个社会就会繁荣昌盛，人们生活也能安居乐业。

这是多么令人向往的理想生活呀！到那时，我们这个曾经饱受

　　伊拉斯谟在这所房子里出生的，舅舅的个人收藏室里几乎容纳了他所有的作品。在收藏书本被视为非法勾当之前的那段快乐日子，收藏原版卖点小钱是合法的。

灾难的星球就会达到一种从未有过的其乐融融状态。在伊拉斯谟去世两个半世纪后，也是斯宾诺莎去世100年后，这两位荷兰预言者的伟大追随者，来自弗吉尼亚州的托马斯·杰斐逊最终切实地把这些信念融入了美国的《独立宣言》。

但是，我们现在却越来越远离这个目标，在我们眼皮底下酝酿的大屠杀使那些幸存者无奈地以情感替代理性，以偏见替代公正。如果鹿特丹人德西德里乌斯·伊拉斯谟的雕像不是被人类精神敌人的怒火所摧毁，那么可能在世界的每一个城市都会立有他的纪念碑。如果那样，他的思想会成为每个国家法律中不可或缺的组成部分——除此以外，我们还能要求什么呢？

我不想再探究伊拉斯谟究竟是出生于哪一年，他自己对此也根本毫不在意。可能是1466年或1465年，也可能是1467年吧。他是10月28日出生的，但具体是哪一年可能是永久的秘密，或许他自己想保守这个秘密吧！

他对自己私生子的身份极其敏感。有时，我们可以深刻地感受到他更能充分利用自己的不利处境。在相对宽容的中世纪，人们已经普遍认同私生子的存在。在这个阶级差别森严的社会，独身主义则备受谴责。上层社会在这方面树立了榜样。君主和皇族（甚至主教）都高兴地公然承认那些婚外子。

可能这一切都是正确的。那么，他肯定不愿意自己死于鼠疫这类不体面的疾病。他对法国南部的酒可能真有浓厚的兴趣。

很难得出一个确切的结论。为了扮演好自己的角色——一个普遍受欢迎的文学学会会长，伊拉斯谟不得不创造并坚持属于自己的独特"行为"。早在幼年时期，他就决定要有自己的一套"风格"，这种风格既要符合天性又要更具特性。在选定适合自己的角色——缺乏活力，无法像平常人一样做体力活——后，他不得不付出自己的一切来维持这个角色。为了成为人文科学领域的埃德文·布斯，在长达半个多世纪里他每天都要工作18个小时，最终他胜利地实现了自己的奋斗目标。如果你认真研究霍尔拜因和丢勒在他的威望达到鼎盛时期为他画的肖像作品，你会发现画中的他就像一只刚吃了金丝雀的猫一样扬扬自得。

现在值得我们深究的是，伴着他所深爱的金坡地葡萄酒一起下肚的到底是哪一种金丝雀。

我们对伊拉斯谟的父亲一无所知。查尔斯·里德貌似对他很了解——作为传记学家，他有这个发言权。但即使是完成一流小说《寺院与家庭》后，也没能提高他在历史研究领域的水平。伊拉斯谟的父亲名叫杰拉德，既不是鹿特丹人也不是高达人。这两个城市离得很近。当我们还是孩童时，在很短时间内就能走完这段路程。当然，如果我们足够幸运遇到一些乐于助人的好人让我们搭顺风车，这点路程就更不算什么了。

伊拉斯谟父亲的身份和职业依然是个谜。查尔斯·里德指出，如果没弄错的话，他应该是教会里的神职人员，要么是神父，要么是牧师。我对于他所谓的神职人员身份很怀疑，因为一个年轻冲动的牧师可能永远只会活在感恩中，他很难去犯他的上级和邻居已经犯过的错误，特别是极其可耻的罪孽。我们都清楚，德西德里乌斯（并不在计划之内的德西德里乌斯）并不是唯一一个他不谨慎激情行为后的产物。他还有一个叫彼得的私生子，是德西德里乌斯的哥哥。德西德里乌斯跟他之间的感情甚笃，相较于其他亲人来说，他更多次提及这个兄弟。不过，对于这个人物我们了解得也不多。

至于他的母亲，人们对她更是知之甚少了。只知道她出生于一个并不知名的家庭。她的一生充满磨难，其中不乏她孩子的父亲带给她的困扰。据说她是一个女仆，但是与15世纪后半叶的佣人们又有所不同。如果她是家雇的佣工，那她的收入肯定微乎其微。她小心翼翼地积攒着这些钱，等着有一天有人愿意娶她这位带着两个可爱的小男孩并有一大包达克特（曾在欧洲许多国家通用的金币）的年轻女人。到那时，她存的钱足够自己的丈夫做个小生意。即使在我年幼时，这样的事情也很普遍，经常会发生，而且最终的结果都是皆大欢喜。这样，她就有了自己的家庭，就可以全身心地投入到对自己年幼孩子的教育，直到死神带走她的那一天。所有的一切都表明这个家庭相信她完全具备照顾自己及其血脉的能力。

基于对这类人的深入了解，我大胆地猜测，她可能出生于一个家境较好的中产阶级家庭。我知道要让你真正地理解这一切，你必须是熟知我们国家的发源及其形成历史的荷兰人。在我们这样的小国家里，信仰与务实经常会缠结混杂在一起。这样，常会产生一些20世纪的美国人根本无法理解的结果。

以一个中产阶级的标准而言，作为一个年轻人，伊拉斯谟的父亲总有一天（如果不是死亡止住了他前进的脚步）会飞黄腾达

　　伊拉斯谟第一次滑冰。他对自己的私生子身份极其敏感。有时，我们可以深刻地感受到他更能充分利用不利于自己的处境。在相对宽容的中世纪，人们已普遍认同私生子的存在。

的。他可能是一个神职人员，在教会法庭或在某神职机构中有一个微不足道但却稳定的职位。他也可能有一个不太具体也不太稳定的职位（很一般的），既不是神职人员更不是俗世之人。在适当的时候，他甚至可能希望能够再次返回俗世。对他来说，要解决私生子问题可能很容易。只要他的新娘在出席自己的婚宴时，穿上宽大的披风好遮掩自己肚子里的孩子。在他们成为合法夫妻后，这些孩子——那时不得不遮掩着的——就可以成为合法的婚生子。因为在这个婚姻实际生效的那个神圣时刻，他们完全可以隐藏在"贞洁的披风"下。

中世纪是多么地务实呀！我喜爱"贞洁的披风"这样的安排。我希望当前也有一些时装设计师能够把它再次带到现代社会来！它可以拯救很多无辜的孩子，这些孩子的罪孽仅仅是他们的出生证缺少一个市政府法院办事员的批准图章。但是就伊拉斯谟而言，早在他的父母能够解决这乱成一团的麻烦事前，并不是"贞洁的披风"，而是死亡的阴影笼罩在他的家庭。小杰拉德和彼得（也就是后人所说的德西德里乌斯·伊拉斯谟和他的哥哥）后来无奈之下投奔了远房的叔叔们。他们成为了两个不幸孤儿的合法监护人。他们不得不接受那份微薄的遗产。可能他们并不乐意抚养这两个孩子。因为（那时跟现在一样）要尽全力照顾两个小男孩并不轻松，特别是人们经常会说："多么可爱的孩子呀！他们的身世怎么那么不幸呀！"

彼得和杰拉德年幼时就被送到高达的拉丁学校读书。是高达而不是鹿特丹，这可能说明要么他们父亲的出生地是高达，要么他在那里有亲戚。

顺便说一下，因为接下来的篇幅我们会集中介绍德西德里乌斯·伊拉斯谟，所以在这里首先要澄清姓氏问题，要不然它会一直困扰着我们。伊拉斯谟的父亲曾经名叫杰拉德·索恩，这个名字清楚地说明他的祖父也叫杰拉德。在那个时候，中世纪地方保守主义的禁锢已经被打破，人们迫切地希望自己有与他人不同的姓氏。就像在挪威和瑞典的电话簿里数不清的彼得森和延森一样，皮泰尔·索恩和威廉姆·索恩也是多得令人厌倦，它们把简单的生活变得日益复杂起来。当伊拉斯谟畅想着自己的未来时，他开始寻求一个适当的姓氏来彰显自己的学问。由于那时荷兰语言依然处于萌芽时期，伊拉斯谟和他的同代人根本不可能成为词源学专家。在没有任何人质疑的情况下，他宣称杰拉德这个名字出自荷兰的动词"觊觎"或是"渴望"。他非常天真地把荷兰语中的动词"觊觎"和拉丁语中的"希望"联系起来。最终，他把它们最大自由地拉丁化，于是就高调地产生了德西德里乌斯·伊拉斯谟这个名字。

关于这个奇怪姓名的来源还有一些其他的解释。不过对我而言，这个是最自然贴切也是最有道理的。后来，可能为了把自己与其他假的伊拉斯谟区别开来（因为那时偷名字并不是什么新鲜事），他在自己的姓名中加上了自己的家乡，这样就变成了伊拉斯谟·鹿特丹，不带一个字母"t"。顺便提一下，鹿特河是横穿荷兰内陆地区（那里遍布着肮脏的沼泽地带）的一条小溪流，它是莱茵河的一条分支，荷兰人不知出于什么秘不可宣的原因通常把它称作马斯河。1281年荷兰的贵族们加固了鹿特河的堤岸，由

　　他的妈妈带着他和他的哥哥到德文特。关于他的妈妈，人们知之甚少，只知道她出生于一个并不知名的家庭。她的一生充满磨难。其中不乏她孩子的父亲带给她的困扰。

此这一整块区域就成为了人类永久的安全居住地。这样，在鹿特河堤坝附近立即兴起的村庄形成了赫赫有名的鹿特丹市。对于像我这样对地理、历史、语言学充满浓厚兴趣的人来说，熟知这一切是大有裨益的。言归正传，我们接着介绍"鹿特丹的德西德里乌斯·伊拉斯谟"。

伊拉斯谟似乎命中注定要一生四处漂泊。1岁到6岁之间，他从鹿特丹来到了高达。接着我们就发现他在东部德文特生活过的痕迹。很明显，他和哥哥是被母亲带到了这座古老的城市。他之所以被送到那么遥远的城镇，恰是因为那里有着最好的且比较便利的学校。这足以说明，那些被委以重任要对他进行教育的人非常认真地履行了自己的职责。现在，如果你听说声名狼藉者的后代被送到新英格兰最著名的预备学校去学习，而不是当地高中的话，你会觉得这一定是有人在某个阴暗角落为自己的利益算计着，你还会认为这一切其实并没经过深思熟虑。

他们新学校的管理者是那些主张"日常生活运动"的教友们，这些人从14世纪中叶开始就尝试着把基督教信仰变成现实，而不满足于仅仅停留在理论层面。在海尔特·格鲁特的领导下，他们成立了一些机构，在这些机构里所有人都深信只有拯救自己的灵魂才能在这个并不算大的世界里生存下去。在这里不需要进行修道士式的起誓，那些兄弟会的成员（日常生活运动的发起人）可以正常地进行日常生活，不过要远离俗世的种种诱惑和灾难。

我不知道为什么"共有的"这个词语一出现，就会与一场运动联系起来。这种运动总是在组织里"明智的"成员极大的猜疑下

无论是气质还是爱好，伊拉斯谟与修
道院的生活都格格不入。

进行。虽然，这个组织团体建立的基础是相同的。例如，罗马人非常不信任基督教徒，其中一个原因就是这些伪善的灵魂与他们的邻居共享了财产。中世纪对阿比尔派教徒残酷的灭绝正是人民的十字军对抗邪恶的异教邪说的结果。这些异教徒们认为不管是在上帝眼中，还是在具体的财富分配者心目中所有的基督教徒都是一样的。16世纪前叶的再洗礼教徒之所以被视为一个令人厌恶的群体，毫无疑问是由于他们狂热地崇拜裸体以及其他一些荒诞不经的行为。但是当大众把他们视为"社会公敌"来反对时，他们就用一些令人作呕的处私刑聚会来激怒大众。这些聚会是那个不光彩时代中最臭名昭著的篇章。任何一个特定城市的治安官不得不听任那些关于恶魔们信奉财富共享的传言在民间悄然传播。当路德一听说德国东部那些反叛的农民把自己的战利品（这些财富很明显正是地主从他们手中榨取的）分配给其他人时，他几乎发疯了，在暴怒中他怂恿那些镇压这场动乱的贵族们根除这些反叛分子，让他们从地球上彻底消失。我写在书中的内容很少会给我带来麻烦，除了我偶然提到朝圣者在到达那些海岸前发誓要共享所有的一切。接着怎样呢？在马萨诸塞州存在的头6年，就注定了要同甘共苦，成了"共产主义试验地"。但是这样的内容在美国每一本正式出版的历史书中随处可见，以后也会继续出现。可是，人们似乎一看到那个无害的单词"共有的"就变得有点不舒服，其实在15世纪时就已经有了这个概念，今天也是如此，而且很明显它还会继续存在下去。

那些"日常生活运动"的兄弟会对个人财产漠不关心，他们过着极为简朴的生活，对于精神上的追求远远超过人世间所有的价值标准——这一切都被看作是一种革命潮流的危险信号，如果放任他们发展壮大的话，就可能导致人们纠结于基督教真正的神圣原理，人们可能会提出一些教会管理者不打算也不愿意回答的问题。但是要镇压这群人也非易事，毕竟这些人举止优雅从容、过着与世无争、与人无害也不引人注目的生活，他们只是秘密地做些自己力所能及的事。而且，只要不是公然地沉迷于探寻灵魂，他们应当是和平时期的一个道德准则。当他们在同时代人中站稳脚跟后，就立即把注意力投向了年轻一代，为此他们成为公办学校的老师。很快，他们在年轻人中把自己的竞争对手远远地抛在身后。凡是在他们德文特学校受过教育的，比起毕业于其他教育机构的人，生活得更加如鱼得水。

所以，如果认为伊拉斯谟的整个青少年时代都是充满苦难的，那是不符合客观实际的。年少时期，这个异常聪明的孩子遇到的老师并不全是那么愚蠢迂腐，他们对已经在欧洲大陆盛行的"新学问"并非无动于衷。其实，他受到的启蒙教育大多来自那个时期最负盛名的教育家。当然，这段时间很短暂。不过这已经足够了。对于一个智力平平的孩子来说，只要他们能遇到一个卓越非凡的老师，而这个老师又能真正地唤起他们对自己生活世界的求知欲，那么99%的孩子都能做得很好。只要给他们一把钥匙，然后告诉他们锁在哪里，剩下的就是他们自己的事情了。当然，他们也要有强烈的愿望去把正确的钥匙插到相对应的锁眼里。但那是上帝的事了，普通人无法掌控这一切。

就如同我在前面所说的，在他的父母去世后，伊拉斯谟的生活变得相当艰难。他们的监护人没有钱为这两个孩子安排较好的工

　　对于一个智力平平的孩子来说，只要他们能遇到一个卓越非凡的老师，而这个老师又能真正地唤起他们对自己生活世界的求知欲，那么99%的孩子都能做得很好。

作，不得不为他们找个可以糊口的活，至少让他们能够勉强养活自己。他们就像15世纪后半叶那些纯朴的荷兰人那样解决问题。于是，这两个孩子都被送去教会做微不足道的神职人员。教会并没有问些让他们难堪的问题。出于对这些孩子的关心，教会也并不关注他们的个人偏好（如果有的话）。

几乎可以完全肯定的是，不管是彼得还是德西德里乌斯，他们都并不愿意当修道士。但是在1484年，年轻人还不能顺着自己的心愿选择职业，所以他们先是被送到黎德英布瓦的一所预备学校。伊拉斯谟痛恨这个学校里刻板而空洞的形式主义。然后他来到了离高达非常近的斯泰恩修道院，那是奥古斯丁修会修道士们的定居点。在那里，他度过了自己的年少岁月。

与中世纪其他修道院相比，斯泰恩修道院算得上中流，不是最好的，但也不至于太糟糕。伊拉斯谟后来却深深地憎恶这个地方，可能是这里的食物让他苦恼吧。在漫长的日子里，他要饱受总是吃一种白煮鱼的苦闷。对这种苦闷我深有同感。我的父亲曾经在鹿特丹的一所学校里学习过，在那里学生们每周都要吃两次白煮鱼（就跟斯泰恩修道院一样）。也就是说，他每周要遭受两次可怕而无奈的类似晕船的痛苦。在儿童心理学这门学科形成之前，权威人士在治疗儿童的明显不适时总是无视他的痛苦，强迫他待在饭厅里。在伊拉斯谟身上可能也发生过类似的事情。

他一点儿也不喜欢在斯泰恩修道院的记忆，一旦有机会逃离那个人间地狱，他就再也不愿回去。奥古斯丁修会的主持们多次提醒他要记得自己的职责是服从命令并回到属于自己的地方。但是在斯泰恩修道院遭受的侮辱在他的记忆里留下了不可磨灭的印象，他再也不愿踏进教会（特别是那个饭厅）半步。因为在那里度过了人生最不快乐的时光，所以他决意要跑到教会外面谋生。

公正地说，一些曾经在斯泰恩修道院生活过的人其实非常喜爱它。它除了拥有极负盛名的图书馆，在当时荷兰北部的修道院中它也居于中流之上。因此，正如常常发生的那样，这可能只是一个错误的男孩在一个错误的时刻出现在一个错误的学校。不过，1492年后这一切都不重要了。就在哥伦布踏上凯特岛的7个月前，伊拉斯谟成为了神甫。两年后，他为自己谋得了一个职位，就是给法国北部冈布莱的一个主教当拉丁语秘书。他如此快速地接受这个职位，就是为了离开那个让他不开心的地方。同时那里离著名的巴黎大学很近，他希望在那里可以找到机会继续自己的古典文学研究，从而在那些自称是人文主义者中占有一席之地——这些人正是预见古老文学和古迹艺术终将重现辉煌的先行者们。

这样一来，我就能比较客观地界定伊拉斯谟在当时文坛的地位，同时还可以向你介绍一些他不太为人知的潜质，正是这些潜质使他流芳百世，任后人敬仰。

从现代视角看，伊拉斯谟在许多重要的潜质方面都有所欠缺。他对艺术深感兴趣，但他自己的画作却少之又少。遍布手稿上的小插图并不能凸显他非常人的绘画才能，但他在绘画方面的想象力远远超出一般水平。他喜爱音乐，对自己那个时代的作曲家们如数家珍。但他对科学毫无概念。在他的作品中，我们找不到对那些前所未闻重大发现的一丁点儿解释。其实这些发现充斥着人们的大脑，让他们不断猜想自己生活的世界究竟是怎样的。他们似乎完全忽视了医学、卫生学、数学和天文学这些学科。当然，那时还没有出现社会科学。哦，不，那时连最不切实际的猜想也没有。人们理所当然地认为社会必然由穷人和富人两个阶层构成。除了前面已经提到的那些贫穷的异教徒们，从来没有人认为还需要对社会财富进行更公正的分配。不过，这些异教徒最终都无一例外地遭到了无情镇压。

当然，那时跟现在一样也会涌现出许多慷慨大方的慈善家们。但是，他们看待贫穷的态度就像是对待麻风病、瘟疫以及其他只能让人活到40岁的流行病一样。世间一切是如此糟糕透顶，但是，最明智最安全的方法是接受那些无法改变的事实，而不是浪费时间徒劳地改变什么。如果看到有人在挨饿受冻，你可以给他一件旧外套来御寒或是让女儿小玛丽给他送一罐救命的鸡汤。没有人会去刨根问底，为什么在这个物质极大丰富的世界还有人要饥寒交迫地生活。但是，要知道今天这种繁荣的经济对中世纪的一般市民来说（他们以前常见的是物质的匮乏），绝对是一个不可能实现的乌托邦式梦想。

在伊斯拉谟生活的时代，人类依旧还要承担沉重的体力劳动。那时，还没有发明出机器奴隶把人们从单调沉闷的工作中解放出来。伊拉斯谟可能会更喜爱现在这个便利而舒适的世界（当然还有一些他非常不喜欢的地方），他追求更加美好生活的方法与盛行的人文主义的思路不谋而合。文学和艺术，更多的是文学，将会带来更加繁荣的未来。我们都有这个权利追问："他在自己奋斗的领域里表现怎样呢？"答案毋庸置疑："他的成绩斐然！"

给冈布莱的主教当拉丁语秘书并不能说明他的成绩斐然。（拉丁语秘书这个职业现在已经绝迹，但在17世纪弥尔顿担任克伦威尔共和国的拉丁语秘书时却很紧俏）这个职位的"社交生活"太过频繁，这样，伊拉斯谟就没有太多空闲时间去研究。当然，他可以选择辞职，可是即使是愿意为文学做出任何牺牲的年轻学者，首先也要能够填饱肚子。伊拉斯谟再也不愿重温在斯泰恩修道院的那段惨淡岁月。于是，做拉丁语秘书成为他唯一的选择，除非他能发现自己其他的潜质，并竭尽全力找一份更适合自己的工作。

就在那时，伊拉斯谟把目光转向了艺术，他在这方面已浸淫多年，达到了一定的火候。于是，他开始写求援信。与那些傲慢自大而又容易惹人发怒的信件截然不同，这些求援信是名副其实的文学作品。几百年后，《帕西法尔》和《指环王》的作曲家理查德·瓦格纳就曾借用这些信件大肆抨击那些原本可以节省几百马克来接济自己却没有伸出援助之手的朋友们。

我发觉要客观评判这样一个在写求援信时拼命贬低自己、诋毁自己职业的天才（通常所称的）十分困难。假设你已经知道自己有一天能做出《名歌手》和《特里斯坦与伊索尔德》这样伟大的歌剧，它们正在你的头脑中酝酿，几乎呼之欲出，但是你还需要几年的积累和潜心创作，而且不能再被房租和其他用钱之事烦扰，这样才能把它们完整地创作出来，恰在这时，某个地方有富余钱财的某个人非常喜爱音乐（或是文学、绘画或是其他恰巧是你所专长的），当听说你的窘境时，他可能很乐意助你一臂之力。

当然，来自蛮夷之邦的粗鄙之人瓦格纳在开始创作时，已经变得相当焦躁不安。一向注重优雅文体而又过于讲究的伊拉斯谟开始转变文风写了那么感人的信件。对那些收到求援信却未能慷慨解囊善待他的人，我深表遗憾。他把自己的母语表达得如此绚丽多彩，却一直"一无所获"。当他快速地把信寄给他最看好的"希望"时，信差却一次次地给他带来坏消息。那些无法投寄到的信件的收信人要么是刚刚不幸暴病身亡了，要么是由于一次错误投资血本无归身无分文了，要么是被自己挚爱的君主斩首了，要么就是再婚了，要么被其他灾难彻底击垮，已经无法再资助别人了。

如前所述，伊拉斯谟把生存的希望寄托在对冈布莱主教的拜访上。不幸的是，要获得他的好感并不是件容易的事。但是，不久机会来了，伊拉斯谟要跟随主教一起去罗马。尊敬的主教阁下想在梵蒂冈好好表现一番，所以他要为自己找个一流的拉丁语秘书。伊拉斯谟抓住了这个机会，这样就可以切实地访问基督教核心地区（以体面的身份，而不再是穷酸的学者），这一点至关重要。

可是，这次访问突然被取消了。伊拉斯谟的一位很受人尊敬的朋友，住在布拉班特的小镇卑尔根奥松姆，也是位颇有影响力的治安官，他建议主教把一年的薪俸赠送给这个前途似锦的年轻秘书。让他能到巴黎继续深造，这样他可以更精通古典语言，总有一天会成为主教的骄傲。对于伊拉斯谟来说，形势越来越明朗，如果他想要有所成就，首先要把希腊语学好。那时的希腊语教师跟现代美国大学里的俄语老师一样非常稀缺，都不是轻松活。伊拉斯谟立即起程赶往巴黎，并在蒙特鸠学院注册。

　　伊拉斯谟把生存的希望寄托在对冈布莱主教的拜访上。遗憾的是，要获得他的好感并不是件容易的事。但是，不久机会来了，伊拉斯谟要跟随主教一起去罗马。

哎呀呀，他刚刚脱离西西里岛又卷进了卡律布狄斯旋涡（就像是他在《谎言》中所说的那样），或是我们现在通常所说的"刚出油锅又入火海"。与蒙特鸠学院相比，斯泰恩修道院简直就是天堂。因为不久以后杨·史丹东克当上了蒙特鸠学院的院长，他是位激进的罗马天主教改革者，也是那场"新宗教献礼"运动的领导者。这场运动的宗旨是变革已经成为藏污纳垢之所的修道院，把它们恢复到一千年以前设想的修道院模式。在那里，没有轻浮的举止，没有舒适安逸的生活，在学术研究道路上没有任何捷径，只有靠废寝忘食地刻苦学习。

30年后，依纳爵·罗耀拉也来到了蒙特鸠学院学习。他完全适应这里的生活。一天只有4小时睡眠的非人性化的日程表，吃得尽是发臭的鸡蛋（伊拉斯谟的信中曾列出了那些有趣的菜单），严厉的惩罚——这一切简直就是为依纳爵·罗耀拉量身设计的。但是，伊拉斯谟憎恨这一切，厌恶这一切，他感到前所未有的疲惫不堪。他开始四处寻找一切能够逃跑的机会。对于出身低贱、追求完美的德西德里乌斯·伊拉斯谟来说，他发现自己作为"穷学生"在这所大学里与那些富有的学生并无差别，他们也生活得像猪一样。他被传染上了一种可怕的疾病。整个校园里遍布着污秽。他再次饱受胃溃疡之痛，每一年的大斋期时，每天严苛规律的生活模式增加了各种各样严厉的自我惩罚。每到这时，他就会病倒，而且病得很严重，不得不回到荷兰那些并不热心的亲戚家里慢慢休养。唯一值得安慰的是，在那里他结识了几个志趣相投的难友，有些成了他一生的挚友。但是，他希望找到一位真正优秀的希腊语教师的愿望却再次落空。

　　他开始创作完全为了混饭吃而粗制滥造的文艺作品。看到如此耸人听闻的标题《谎言》和《谈话集》，我们很容易忽视一个事实，那就是这些丛书属于怪诞系列，就是我们现在所谓的"怎么做"文学。16世纪的出版商跟现如今的人们一样聪明，他们早就从那些简易的参考资料中看到滚滚利润，毕竟这些书让一般市民省去了查找原始资料的麻烦。

为纪念一位修女而立的
纪念碑。

文艺复兴让每个人都意识到成为成功学者的重要性。在我们这个商业世界里，一个人要想获得成功，他必须学会"怎样交朋友"，或是如何处理自己的所得税。公元1500年；这位胸怀远大志向，希望闯出一条自己道路的年轻人深刻意识到，自己必须能够熟练地引经据典，必须能用十种不同的方式写一封求生存的信件，必须在适当时候运用合适的谚语。只要这样，这些书必定能够大卖，这也正是伊拉斯谟写它们的原因。即使它们不能让他一夜暴富，至少能让他感受到物尽其用、人尽其才的快乐。

很多人曾严苛地批判伊拉斯谟这些并不体面的作品。但是为什么不这样做呢？贝多芬难道就没为18世纪的一些电影配过背景音乐？为了让自己和挚爱的康斯坦斯搬出贫民窟，莫扎特的一生难道不是为了完成各种"订单"而疲于奔命？伟大而冷漠的伦布兰特不也曾为阿姆斯特丹的一个书商作过宣传画吗？当然，他们都曾屈尊降贵地做了这一切。我觉得只因他们曾做过这些所谓的不体面事就对他们百般挑剔是十分愚蠢的。正是这些权宜之时的艺术作品在他们孕育那些传世的伟大作品时，养活了他们，并为他们保住了头顶那片可以遮风避雨的屋檐。当然，如果这些为了混饭吃而粗制滥造的文艺作品最终成为唯一的成果，结果就会像伊拉斯谟的白煮鱼一样糟糕，甚至更糟糕！

接下来我要介绍伊拉斯谟的另一段人生轨迹。那个最忠诚的巴特一直在荷兰四处奔波为伊拉斯谟找一份有闲有钱的工作。他最终实现了自己的愿望。一个名叫安娜·范·博尔瑟伦的年轻富有的寡妇，在瑞兰德拥有最多的土地，她有个年幼的儿子要抚养长大。巴特原本自己要当这个孩子的老师，但是这位女士不久就要搬到北埃夫兰岛上的城堡去，那里离卑尔根奥松姆比较远。这时，伊拉斯谟看到了自己的梦想变成现实的机会。他心中充满了无限希望，立即起程向这位苏格兰低地的弥涅耳瓦女神表达自己的敬意。

那是一个异常寒冷的冬天。年长的本地居民可能已经不记得这些往事了。当伊拉斯谟抵达韦勒时，他遇到了百年不遇的暴风雪，这场暴风雪挡住了他前进的步伐。他急切地要从斯海尔德河的另一侧到达北埃夫兰岛。徒步行走是不可能的，借助于雪橇也是不切实际的。但是，他必须抵达那里！所以他和"随从"就坐在冰上，听任风儿吹着他们向前滑动。到这时，似乎应该有个"附笔"，那就是"他如愿以偿地得到了这份工作"。但是结果却并非如此。因为这位女士很快就和这个中看不中用的年轻人一起陷入了情网。难能可贵的是，这个小伙子深深地被她的美貌所吸引，对她的财富却不屑一顾。这是最俗套的故事情节，结局也是最俗套的。这位女士虽然空有大片的土地，手中的财富却少之又少。她拥有的土地虽广阔却不能卖出去，可怜的安娜很多时候都没钱支付自己的日常开销。同时，她的那些亲友包括前夫的亲戚们都不赞成这桩婚姻，并因此与她打起了官司。最终，安娜·范·博尔瑟伦只分得些许财产，而伊拉斯谟一无所获——得到的只有一趟瑞兰德的免费之旅，患了一场感冒还有就是逃过了染上肺炎的危险。

如果继续这样事无巨细地介绍，肯定会喧宾夺主，改变本书的主旨，所以暂且就此打住。不管怎样，我已经详细介绍了主人公年轻时代的生活背景。现在我们要进入他的成年时代。

那是1499年，伊拉斯谟已经进入而立之年。换句话说，随着年纪增长，他的名气也渐长，但经济上的状况却一直没有好转，与他离开修道院时并无太大差别。而且一想到自己还是奥古斯丁教义的天主教会修士，随时都可能像一个开小差的士兵一样被遣送回修道院，他就感到一股无形的压力袭上心头，让他透不过气来。虽然直到生命终结的最后一刻，他依然都是教会最忠贞的孩子，但他并不是字面上所理解的那么虔诚。当神秘主义和斯泰恩修道院四周草地上的毛茛一样寻常时，他还能感到心安理得。但是，一想起有一天他被迫回到荷兰圩田中那个令他心生寒意的地方，他的十二指肠处就会莫名地阵阵抽搐。因此，他必须立即找到解决之法。

在巴黎时他曾经给一些富家子弟当过家庭教师，有了一些收入。在他的学生中有一个叫威廉姆·布朗特的，也就是后来的好友和保护人蒙乔伊勋爵。他经常怂恿伊拉斯谟去英格兰旅行，并愿意支付全部的旅资。伊拉斯谟考虑后决定去做他一直不愿做的事——穿越那个令他生畏的异常凶险的海峡，把自己瘦弱的身体交给糟糕的食物和英格兰小旅馆里的潮湿床铺。这可怕的一切他从巴黎那些学生们那里已经听得太多。其实这是他人生中迈出的最明智的一步。英格兰——套用一个经典的谚语——证明了是他的福地。在那里，他最终有机会展现了自己众多出类拔萃的才华。他的社交天赋在那里也得到了淋漓尽致的发挥。

有一些伟人一生都从事着自己心仪的工作，他们几十年如一日快乐地干着自己喜爱的事情。但是还有另外一些人——这部分人占多数——他们必须与相似心灵撞击后产生智慧的火花，这样才能持续点燃创作热情。伊拉斯谟正是属于后者。他的国家不能提供他想要的一切——富足惬意的生活，在富裕的生活中进行精益求精的思考。冈布莱主教过于"社会化"，但现在这个词语的意思与我之前所提及的并不一样。在巴黎，伊拉斯谟拮据的经济状况让他无力与朋友平等交往。但是在英格兰他口袋里有了钱，也可以为自己置办一套我们现在所说的大礼服了。对于这个渴望交流的聪明人，能够在宽敞明亮的房子里和那些举止优雅的人快乐地交谈，并且碰撞出激昂的思想火花，这一切让他感到无尽的快乐。他发现自己已经找到了打开社交大门的钥匙，而且让自己大受欢迎。

比起现在所谓的单一共同文化和单调的行为模式，在那个世界大融合的中世纪，他是荷兰人的身份丝毫不影响他在英国的发展。最终，伊拉斯谟获得了上流社会的承认。先是在蒙乔伊阁下家里，几年后在托马斯·莫尔的家中，他遇到的每个人都是值得交往的。蒙乔伊和托马斯·莫尔是当时公认的"绅士"，具备一切美德和优雅气质。他邂逅了很多名人和雅士，其中有约翰·柯列特，也就是后来的圣保罗学院院长，是位高贵的信教者，他的博学多识与其对时事政治的精辟见解一样与众不同。威廉姆·莉莉，约翰·柯列特创办学校的第一位校长。约翰·费希尔，后来的费希尔主教，是位非常虔诚且学识渊博的人。还有托马斯先生热情好客的妻女们，她们让整个房间充满了轻松和活力，使所有客人一踏进门就有宾至如归的温馨感觉。

当年轻的亨利八世执政后，这一切也没有太大改变。因为亨利八世本人也自称是个学者。但就像山姆·威勒评价他那样，贪恋女色导致他最终垮台。他一到青春躁动期，就像老色狼一样完全放任自己好色的本能。凡是反对他的人，结果不是被碎尸万段，就是被无情践踏。柯列特差点就魂断断头台。而费希尔和莫尔却没那么幸运，他们最终因为反对这位君主处理自己的离婚案被砍掉了脑袋。但是，让人感到庆幸的是，这些悲剧还要隔很长一段时间才上演。

在英格兰的那段日子，伊拉斯谟的才智有了长足发展，这使他在普通的人文主义者中尤为突出（他们几乎遍布于这块陆地上所有城市）。他开始把自己的视线投向全新领域，寻求新的任务，那就是让自己名声大噪。

现在涉及这篇学术论文最困难的部分。伊拉斯谟的新任务具体是什么？它既不是一拍脑袋就突现的灵光一闪，也不是临危受命的艰难苦任，像圣保罗、穆罕默德、洛耀拉、圣弗朗西斯以及其他伟大的远见卓识者们曾经历过的那样。既不是他很早以前就详细规划好的，也不像本杰明·富兰克林或是盖普先生那样事先已经列出一份完整的任务清单。即使是在临终前，躺在病榻上的他也不可能明确告诉亲朋好友自己想取得怎样的成功。在他过世300多年后的今天，我们要探究他要达到怎样的成就，努力理清他在打倒一个旧世界后，希望创建一个什么样的新世界。

要知道，伊拉斯谟和我们大家生活在同样的时代，在这个时代，旧世界、旧社会模式和旧文化正在慢慢淡出视线，退出历史舞台，而新世界的格局却还没有最终形成。这样，人们就有充分的空间去想象它的形状、颜色以及它的内部物质究竟是什么样的。因

约翰·费希尔主教是位非常虔诚且学识渊博的人。

此，伊拉斯谟（跟我们非常相似）注定要在不确定中困惑地蹉跎岁月，那时一切传统美德都被重新审视，在今天看来还是真理的，明天可能就被证明是虚妄的。封建主义已经在垂死中挣扎，新兴的阶层正在历史舞台上崭露头角，他们即将取代旧式的当权者。

这就是我们通常所说的"中产阶级"，不过，这个词语不能帮助我更明确地说明伊拉斯谟所扮演的角色。当我们使用"中产阶级"这个词语时，会很自然地想到那些位于郊区的狭小而整洁的房子，那里住着来回奔波的丈夫和操持家务、照料孩子们上学的可爱妻子。在荷兰语中"中产阶级"基本上表达了一些只可意会不可言传的意思。中产阶级是那些慢慢摆脱卑微出身，上升到一个既不是农民也不是贵族的阶层，正好处于两者之间。但是人们从来没意识到阶级差别的存在，它很自然地被人们当作社会秩序的内在组成部分接受了。我们不可能理解这个新兴阶层对于中世纪的影响。这个社会阶层，不再依赖土地获得财富，而是在公然对抗封建制度当权者的同时不断积累财富。最终，他们对教会的权力也熟视无睹，无所惧怕。

很少有国家跟荷兰一样在早期就进行了那么彻底的变革。这些低地国家不知为什么并没有像法国和英国那样在权贵豪门间爆发无休止也无意义的战争。它们由于地处偏远，比较贫弱，始料不及的一夜暴富并没有在中世纪形成有权势的大家族。这些大家族曾经完全操纵着欧洲其他地区的社会、政治和经济发展。现在，当整个地球日益变为白种人的天下，北海地区正在取代地中海地区成为金融和商业中心，进入了黄金发展期。

自从瑞兰德一个聪明的渔民发明了一种把鲱鱼制作成罐头向外

出口的方法后，荷兰人赚取了大笔财富。中世纪世界的许多斋戒日都变成利润丰厚的市场。鲱鱼贸易带来的高额利润积累了大量资金来建造更大船只以满足海外市场的需求。在伊拉斯谟时期，这些低地国家的沿海城市比那些来自德国、法国和英国的竞争对手们，更加便利地进入到北海、波罗的海、北极地带以及大西洋。伊拉斯谟在这些城市度过了影响自己终生的年轻岁月。

《乌托邦》的作者以及那些深刻思考过《理想的政府模式》的哲学家们的灵感通常来源于最熟悉且切实存在的政府模式。毫无疑问，他们经常把这些模式理想化了。看看柏拉图的《理想国》吧！完美的雅典城邦究竟是怎样的？圣奥古斯丁的《论上帝之城》不就是以建立在神圣基础上的罗马帝国为原型的吗？托马斯·莫尔的《乌托邦》并不完全是空中楼阁，跟培根的新亚特兰蒂斯一样，在它们中都有那个想象的以文明正义为核心的英格兰的影子。

伊拉斯谟从来没向别人清楚描述过他的理想国是怎样的，但他却比任何人都更努力不懈寻求着。他的完美王国（可能还有其他的吗？）是15世纪后半期的一个荷兰小镇，不过它已经超前发展到第N世纪了。在提及自己家乡时，伊拉斯谟兴趣缺乏。那里满是粗鲁而无礼的人。他不喜欢他们建筑房屋的方式，也讨厌他们的饮食习惯。对于他们缺乏教养的行为，他更是深感不耻。一念及他们的粗俗不堪，他就不愿与他们共处一室。哪怕被迫要待在一起，他也没有多少快乐可言。在谈到自己的同胞时，他基本沿袭了荷兰人的传统习惯，那就是喜欢在痛斥任何事情时，都与自己的国家联系起来。这在小国家里很普遍（现在也是这样）。挪威人、丹麦人、瑞典人、瑞士人在国外时会花很长时间跟一些认识或不认识的人报怨自己的祖国是多么糟糕透顶。但是，一旦那个令自己"生厌"的国家遭受危险时（就像去年被纳粹占领一样），他们会毫不犹豫地捐出自己最后一分钱，竭尽所能也要把祖国从被压迫中解放出来。

因此，这种无休止的吹毛求疵没有任何意义。坦率地讲，伊拉斯谟大部分的指责是完全正确的。在中世纪时期，这些低地国家日益远离真正的文明中心，几乎都被世界遗忘了。直到1813年才出现真正意义的荷兰王室，而由于王室的一直缺失，感觉就少了许多"王室气派"。而伊拉斯谟很早就在布鲁塞尔、巴黎、伦敦和法兰德斯的发达城镇见识过这种气派。（虽然刚开始只是远距离的观察）这种王室气派相当长时间主要在中世纪时期最有教养的"领主"——勃艮第公爵们的身上体现得淋漓尽致。他们真心热爱艺术、音乐以及其他一切可以在正式场合为他们增添光彩的东西。

即使是伊拉斯谟出生的低地国家也并不乐见封建贵族的发展，这个特殊阶级曾在中欧发挥过举足轻重的作用。伊拉斯谟被强大的"中产阶级"团团围着。很抱歉我必须再次使用"中产阶级"这个词语，毕竟在美式英语中还没有更合适的对应词语。的确如此，法国大革命让我们知道了"资产阶级"这个词汇，但是"中产阶级"还有其他意思。其中就包含"资产阶级"的意思，而"资产阶级"不久前摆脱了自身的劣势，并清楚地知道自己承担的社会职责。结果呢，相当一部分小城市被治理得非常好。虽然，跟特殊民主的初衷和最终的幸福仍有一点差距。"民众"，即伟大的人民群众，依然无法直接参与政事。但是，那些下层民众的领导者有足够的聪明才智超越阶级差别，充分发挥自己的影响力。因此，低地国家的人民在掌控自己命运方面远远走在世界其他国家前面。这一点突出地体现在社会福利的快速推进和最大范围的普及。那些在北海地区的沼泽地中找到安身立命之地的人们终于得到了福祉。

比方说，那些城镇非常洁净。他们为贫弱人群提供生活必需品，安顿好那些孤儿。他们的慈善和医疗观念可能还没涉及与贫穷和疾病有关的科学概念。但是一旦有人不幸患上了麻风病，他不会走投无路，孤独至死。如果有人衰老得无法工作了，他也有"家"可回。这个"家"与查尔斯·狄更斯的济贫院完全不同，曾经参观过位于哈勒姆的弗兰斯哈尔斯博物馆的人们对此会有深刻印象。在那里，即使再老再穷的人，也不会感到自尊心受到半点损伤，这是他们在这个世界上残存的最后一点幸福。

那些（并不太多）可以看见这个世界却失去听力的孩子，仍是社会的一分子。对于公共福利的监护者们来说，这些孩子成为社会福利工作的重中之重。他们从不教导这些孩子勉强超越自己的生理条件去争取那些遥不可及的成功。而是让他们接受简单工作的培训，这样有了一技之长，他们就能在这个世界生存。他们不需要阅读那些"纯文学"，不过，在必要时刻他们几乎都能正确拼写出自己的名字。

这些城市实际残留的部分显示出那些市政管理者早就意识到，一旦践踏人民大众的尊严，根本不能领导那些原本通情达理的民众。与其一切"由"人民大众来做，不如做一切都"为"人民大众，这是亘古不变的真理。而最终结果也应当是被人民大众"来"接受。过不了几个世纪，这种管理形式就会变得僵化（各种政府形式将会在适当的时候出现），这时就要求选择一种与众不同的政府管理形式。

伊拉斯谟深受这种中产阶级文化的影响，这种影响贯穿他的一生。

我们还要知道，那些住在远离繁华南部的北方人，他们的宗教观念和生存观念一样简单。所以，虽然罗马教廷令人厌烦的精神崩溃症状已经日益突出，但最终并没在伊拉斯谟的孩童时代彻底崩溃。毫无疑问，当伊拉斯谟还是孩童时，就已经知道教会存在许多不合理的地方。但是，事情并没有朝着不可挽回的地步发展。所以，（就像他和邻居们认为的那样）在不拆毁整座大厦的前提下进行一些必要改革还是有可能的。对此，人们充满信心，认为只要自己当家做主完全执行自己的理念，必然会带来可喜的变化。

由于生活的环境相对自由宽松，他们对当权者的越权渎职行为极为不满，特别是当权者是外国人时。伊拉斯谟时代的中产阶级非常因循守旧，他们固守着自己的日常习惯、风俗和偏见。他们会把仅住在几步之遥的人看作是外国人。对于那些在他们四周窥探异端邪说气息的西班牙人和意大利人，他们更是反感至极，根本不想看到这些人。他们深知家丑不可外扬的道理，对于圈内出现的异端思想他们更倾向于自己解决。

因此，伊拉斯谟清楚地知道建设安定有序的社会是切实可行的。人们需要的是智慧、诚实和活下去的愿望。当然，在那些粗鲁

　　伊拉斯谟时代的中产阶级非常因循守旧，他们固守着自己的日常习惯、风俗和偏见。他们会把仅住在几步之遥的人看作是外国人。对于那些在他们四周窥探异端邪说气息的西班牙人和意大利人，他们更是反感至极，根本不想看到这些人。他们深知家丑不可外扬的道理，对于圈内出现的异端思想他们更倾向于自己解决。

的渔民和商人身上看不到礼貌而优雅的言行，跟他们更难有愉悦的交谈，他们很难明白品质对于他们的生活多么重要。但是，伊拉斯谟认为，如果政府能够帮助人们培养这些品质，一定可以在旧世界的基础上建立一个先进的新世界。而且他也确信，跟那些耶稣信徒们最初宣扬的一样，这个新世界在融合古典文化和基督教会的美德过程中，不会产生任何矛盾。

我担心自己在下这个结论时过于草率。但如果我有机会与伊拉斯谟探讨这些问题，他可能会承认在他的后半生为了理想王国奋斗时，这些想法确实会时不时地浮现在脑海，这就是伊拉斯谟的人生观。

与斯宾诺沙体系（他的思想深受伊拉斯谟影响）不同，它并没有明确地表述出来。他的思想散在他所有的文学作品中，从古典谚语集到文学礼仪和祷告练习手册。对他而言，这些与其说是理论不如说是生活常识。

可能，伊拉斯谟没有幸运地早半个世纪或是晚半个世纪出现在历史舞台上。这一切无法改变。无论是在实际生活还是在历史中，这些遗憾都没任何意义。值得肯定的是，在他所生活的时代背景下，他已经全力以赴了。

在生命之初，他就开始与已经延续数千年的教会权力滥用作斗争。那时，马丁·路德也开始以坚决不妥协、力求改变一切的姿态在历史上崭露头角。

伊拉斯谟，这位热切的共同文化的捍卫者，非常清楚地预见到路德的行为必然使基督教徒们共同建立的精神家园轰然倒塌。

从此以后，伊拉斯谟的唯一选择就是全力对抗路德的影响力。一个有着独创思想的现代学者近来指出，身为荷兰市民的伊拉斯谟与德国农民出身的路德没有任何共同之处。就整体而言，我觉得跟其他同样致力于这项事业的作家相比，伊拉斯谟更接近真理。就像维吉尼亚的杰斐逊与新英格兰的亚当斯从来没有建立在相互理解意义上的真正合作一样，伊拉斯谟和路德注定不会喜欢彼此。他们生活在同一个时代，呼吸着同样的空气。对那些观察力较弱的人而言，他们几乎使用同样的语言，为了同样的目标奋斗。但是，他们的外形有很大差异，穿着品位也不一样，饮食习惯也不相同，他们也不会为同样的笑话而爽朗大笑。他们对于食物的喜恶也全然不同，对其中一个来说是琼浆的，对另一个人则可能是毒药。在战斗时，他们使用的武器也截然不同。他们打心底里不喜欢对方，好像他们不是并肩战斗的战友而是相互仇视的敌人。因此，他们不可能真正地去深入了解并欣赏彼此，毕竟他们一个是荷兰市民，而另一个则是德国农民。

1505年当伊拉斯谟再次拜访蒙乔伊勋爵时，他最终获得了去罗马的机会。国王的御医巴普蒂斯塔·博埃里奥聘请他监督和管理他的两个儿子的教育，让他随同两个孩子去意大利进行一次"朝圣之旅"，在当时良好家境的孩子都必须接受这样的教育。

他们三个人与仆人最初来到了都灵，在那里，伊拉斯谟获得了神学博士学位。接着，他们前往博洛尼亚，在当地大学打发了一年时间。然后，博埃里奥家的孩子们返回英格兰，而伊拉斯谟则靠着挣来的薪水继续前往威尼斯。当时最著名的印刷商马努蒂尔乌斯·奥尔德斯已经在威尼斯着手出版伊拉斯谟那本全新的高级版本《谎言》，那些经典谚语的数目已经从800猛增到3000多了。

接着，他前往帕多瓦，在那里他遇到了另一个学生，苏格兰詹姆士四世的私生子亚历山大·斯图尔特。他跟这个年轻人先后去到了锡耶那和罗马。在这些城市伊拉斯谟载誉而归。他的作品广为流传，他以当时最负盛名且具有独特风格的拉丁语作家而著称。那时，已经开始与宗教改革力量进行战斗的梵蒂冈罗马教会感到在这位声望极高的人身上有利可图。他可以投笔从戎，还可以收买那些缴械投降的战败者。

伊拉斯谟认识到如果他愿意留在教会，就可以掌控自己的未来。那位年轻的被照看者亚历山大·斯图尔特突然被召回苏格兰，这样，伊拉斯谟可以自由决定自己的去留。他认真地权衡个中利弊。如果继续留在罗马，他将一生衣食无忧，而且还能在基督教世界里获得最大自由，随意支配一切。但是，他也会失去自己宝贵的东西——那就是思想与行动的自由。他不得不离开最中意的"中间道路"做出立场上的选择。

他精心地计算着自己的得失。最终，他得出结论，那就是他个人的言行自由高于一切。于是，他向那些善良而热心的保护者们表达了自己最真挚的感激，然后起程前往英格兰。

他一路向北，穿过了让中世纪的人们望而生畏惧怕不已的山脉，这些山脉带给人们的恐惧与100年前那些奔赴死亡之谷的开拓者们的感受一样。现在他已经可以像优雅的绅士那样惬意地旅行了。他雇了三匹马，自己和仆人各骑一匹，还有一匹专门驮着书籍和让人无法抵御的勃艮第美酒。这些马能够辨识道路和方向，无须主人们操心，这样他们就有了充裕的时间遐想。完全沉浸在自己思索中的伊拉斯谟，可能完全忽略了那些随时可能湮没他的尖峰沙漠，以及从四面八方呼啸而来的无底深渊。

但是，伊拉斯谟既没被无情的沙漠吞噬，也没掉进无底的深渊中，在经历一段并不平静的旅途后，他取道康斯坦斯、斯特拉斯堡和安特卫普，最终安全抵达伦敦。当寄居在托马斯·莫尔家中时，他告诉莫尔当他穿越阿尔卑斯山脉时，一直思考着要为当时所谓的"傻瓜文学"做点儿贡献，所以他打算写一本赞扬愚人的小册子。书名叫作"愚神颂"，它正是莫尔先生名字的双关语。

这并不奇怪。伊拉斯谟跟他那个时期所有的文人墨客一样都酷爱使用双关语。在学习拉丁语时，那些语法主要就是由许多无伤大雅的小谜语组成，所以他在这方面早已是训练有素。至于他对于愚人女神的呼唤，更是切合了中世纪以及文艺复兴时期的文学模式。

至于对当权者的正面攻击，那当然是不可能的。但是，几百年来一直有一个特殊的阶层，他们享有表达自己的观点而无须顾忌后果的特权。即使是在宫殿之上这些人也可以大放厥词，哪怕是与君主的观点南辕北辙，他们也肆无忌惮。我指的是那些所谓的王室弄宦们。他们最初是些侏儒和长相奇异之人，通过搞些古怪滑稽的动作逗人发笑。慢慢地，就有了独特职业的"愚人们"，他们的工作就是说话逗乐，让雇主们从烦琐的事务中暂时舒解出来。对于今天受过教育的女士和绅士们来说，他们的用语可能是粗俗不堪的。但是，在中世纪和文艺复兴时期，这些用语却十分普及。如果那些受人尊崇的教授们在编写教科书时认识到一些"不朽的"双关语的真正含义，那么它们很难在教材中出现。

查尔斯一世是英国最后一位享有王室弄臣服务的君主，但是这种行当依然存在了数个世纪，只不过是从皇室宫廷转移到了马戏团。半个世纪之前，当我还年轻时，一个机灵敏锐、能言善辩的聪明小丑虽然对当权者大肆讥讽，最终却逃脱了法律的制裁。我记得那是40年前，发生在圣彼得堡的一个庆典上，当时沙皇俄国的首都正被一位在西方语言中称之为"大帝"的人统治着。一个傍晚，在来访的马戏团里出现一个背后拖着两只猪的小丑。他说："看看吧，这个猪猡是大的，而这一只是巨大的。"当时立即爆发的热烈掌声表明大众们听懂了其中的玄妙，但是即使是最权威的警察也不敢贸然采取任何行动对抗传统。他们警告这个小丑明天不能再这么表演，但是他依旧我行我素。

这一切在欧洲真实地发生着。大洋彼岸的那些宫廷小丑插科打诨、嬉笑怒骂的方式被专栏作家们沿袭至今。但是，这种原本可以大获成功的滑稽形式却有相当大的局限性。每当专栏作家们煞有介事地卖弄那些情趣横生的思考时，却往往达不到预期效果。现在那个古老的弄臣群体已经和迪斯雷利和俾斯麦学校的外交能人们一样逐渐退出了历史舞台。愿他们安息！毕竟他们在世之时，曾经为国为民作出过突出贡献。他们就像是动态的安全阀，人们通过他们为积压已久的怨恨和不满找到了释放的发泄口。现在，这些"安全阀"已经荡然无存。因此，经常会发生难以估量的大震动，摇撼着这座可怜的星球。

在伊拉斯谟出生时，"傻瓜文学"就已经非常流行了。1509年，在伊拉斯谟开始构思《愚人颂》时，已经有了塞瓦斯蒂安·布兰特著名的《愚人船》一书的两种英文版本。《愚人船》中详细地列举并描述了至少122种不同类型的愚人。最初的德语版本是在1494年出版。虽然（为了安全起见）作者是用相当模糊的斯瓦比亚方言来写，但它依然广受欢迎，被学术界和神职界奉为"神圣的讽刺"。它如此成功，不久在布兰特那艘只运载男性乘客的《愚人船》后紧跟着不少于6艘"船"，这些船上连船舷也坐满了女性愚人们。

当时和现在一样，抄袭别人的文学构思不会被看作是一种犯罪行为。而且《愚人船》上插满了各国国旗，可以在公共海洋中畅行无阻。因此，当伊拉斯谟撰写自己的《愚人颂》时，没有人怪罪他缺乏真正新颖的想法。他只是比自己的竞争对手们要聪明机智些，所以他的愚人情结得以保存流传。然而，其他人却没那么幸运，他们在这方面的努力被后人遗忘殆尽。稍好一些的也就是在博士入学考试中出现，主要就是考察那些年轻人是否掌握那个时期的文学作品。

伊拉斯谟在穿越阿尔卑斯山脉时构思的这个"小品文"，并不一定会变成铅字。每个作家每天至少会有一打这样的构想，绝大多数都是相当精彩的。但是这些"灵感"大多都不了了之，就跟我们国内虾的死亡率一样（高达99.5%）。如果伊拉斯谟不是在到达莫尔那个舒适而温暖的家后不久就被一场小病击倒，不得不卧病在床的话，他根本不可能把那些胡思乱想写成文字。

大概6年后，他在一封发自安特卫普的信中讲述了事情的经过：

"从意大利返回后，我就住在了莫尔的家里，由于腰痛我不得不闷在屋里好几天。那时，我的书都还没运过来。其实，即使有了它们，那些病痛也让我无法深入学习。为了排遣烦闷，我开始用《愚人颂》这个故事来自娱自乐。当时并没想过要把它写成一本可出版的书，只是想以此来分神，缓解病痛带来的不适感。在与朋友相聚时，为了给大家助兴，逗大家开心，我讲了这个尚未完成的荒谬故事的部分内容。他们听后非常开心，坚持让我继续完成它。我很有成就感，来了兴致，就又花了几天时间。这比我之前预期的时间要久一些。后来，那帮鼓励我把它写出来的朋友想方设法把它带到巴黎并大量印刷，其实他们那个版本是错误而不完整的。但是，这个失败的作品很明显娱乐了大众，因为几个月内在几个不同地方竟然重复印刷了7次之多。我自己很困惑人们究竟喜欢它什么。"

读者们很容易就能觉察到这封信其实只是烟雾弹而已。伊拉斯谟从不否认自己是《愚人颂》的作者。但是当他一想到严酷的刑讯时，他就变得异常胆小。所以他从来没有明确承认自己写下了这本小小的"时代的批判研究"。他只是把它嘲弄成是无所事事时草草记下的一点小乐趣而已。然而对于那些非常了解他的朋友，他给了一个完全不同且更直接的答案。否则，他也不能做得很好。因为，正是他自己把手稿送到巴黎去的，那好像是1511年的春季，他在法国的首都短暂地停留过。

他生命中的这段历史非常模糊，对此我们几乎一无所知。不过，这一时期是他人生的重大发展期。在那些英国朋友，如莫尔先生、约翰·柯列特以及费希尔主教的影响下，他开始步入事业的顶峰。他全身心地投入到批注《圣经·新约》。他希望大众能了解基督教信仰真正的起源。这一时期他所写的著作，充满着回到原始基督教的渴望，他希望教会从繁文缛节的教条和仪式中解脱出来，回到《圣经》和教父派那里去。他必须辛勤工作却又不能太过于脱离社会，他几乎在大众的视线里消失了一年半之久。有迹象表明他对好友约翰·柯列特的教育计划非常感兴趣，在他的帮助下，柯列特建立了圣保罗学校，他为学校编写拉丁文教科书，把该校办成了著名的人文主义学府。同时，在他的支持下，那些有钱人创办的私人大学逐步摆脱了教会的控制，转变为公立大学。

1514年后一切都变了，这一年他搬去了巴塞尔，那里离他的出版商圣约翰·弗罗本非常近。这位有名的出版商毕业于巴塞尔大学，他放弃学术研究转而成为了一名出版商。接着我们也听说了他那本《愚人颂》的某些反应。

在这本书中你会发现，伊拉斯谟几乎没有亲自现身。女主角是愚人女神，故事是根据她的讲述展开的。刚开始时她只是笑神，以权威身份向众人发表演讲，著名的伊拉斯谟先生只是谦逊地坐在一旁默默地加油。但是，女神慢慢改变了抨击的风格，从

　　伊拉斯谟在晚年，清楚地知道建设有序安定的社会是切实可行的。人们需要的是智慧、诚实、活下去的愿望。

一个和善可亲、轻松愉快的讲解者变成了高高在上的严厉的杰里迈亚女士。她哀叹聚在一起聆听她劝诫的这些可怜凡人们的悟性太差。然后，她忍无可忍，重拾旧法，开始无尽的冷嘲热讽。她证实了即使是英明的所罗门王和使徒保罗有时也会为愚人女神唱赞歌。

为了制造这种出人意料的效果，伊拉斯谟不得不用一种非同寻常的方法把《圣经》的相关章节糅合在一起，这对于现代人来说相当骇人听闻，它与16世纪人们的宗教生活完全不同。他们理所当然地认为约翰·柯列特应该把自己那所名校的学生限制在153人。那个把耶稣的使徒也变成愚人的想法最初也让我们感到震惊和难以接受。但是，与伊拉斯谟同时代的人似乎很平静地接受了他的批判，正如现在我们走进剧院，冷静地观看我们的经济和社会体系被彻底地剖析，然后弃之于垃圾堆中。伊拉斯谟虽然对自己所处时代的权威进行了猛烈抨击，但他却逃脱了被打压的厄运。而且，更多的人对他的作品赞誉有加。

那位令人敬畏的主教朱利叶斯二世，是最初计划创立圣彼得教堂的意大利王子，也是梵蒂冈博物馆的创立者。他是位强有力的英明领袖，也与拉斐尔、布拉曼特、米开朗琪罗等人私交甚笃。他从来不会假惺惺地向讨厌的人示好。但是在1518年初（朱利叶斯去世5年后）伊拉斯谟给友人的一封信中这样写道："教皇阁下亲自阅读了《愚人颂》，他大笑不已。他唯一的评价是：'我很高兴伊拉斯谟出现在这本书中。'坦白地说，我与教皇的斗争是最为激烈的。"

1514年一切都变了，这一年他搬去了巴塞尔，
那里离他的出版商约翰·弗罗本非常近。

　　从法国圣贝尔坦主持的一封信可知，对于朱利叶斯二世的继任者利奥十世来说，伊拉斯谟的那篇"小品文"不仅娱乐了整个学术界，也娱乐了主教、大主教、君主，甚至教皇自己。很明显，教皇本人也以极大的兴趣从头到尾地阅读了整本书。

　　当然，还有一些人对那些无情践踏自己信仰的人并不宽容。以偏见和穷乡僻壤般的目光短浅而闻名的卢万大学，也会有一些不同的微弱反对声。一位名叫多普的年轻教师进行着这项艰难的事业，他严厉地谴责这位伟大的人文主义者，认为他竟敢如此轻率地对待神圣的事，他还要求伊拉斯谟停止这一切——即使不是为了别的，也要为了他自己的声誉着想。他这样警告道："从前，人们崇拜你的著作，但是这本可恶的'愚人颂'却让人们感到不舒服。"

20年后，一位西班牙神职人员以另一种方式表达了这种批评之意。他这样写道："伊拉斯谟伪装成一个小丑，用他的嬉笑怒骂来毁灭整个教会。"其实，他弄错了。教会不仅幸免于难，而且有了长足发展。正是《愚人颂》让人们去关注那些不正之风，那些不正之风终有一天会带来更糟糕后果，乃至引起教会分裂。这些看似无害的幽默话语和滑稽的想象力实际上就是一桶装满硝石的危险爆炸物，这些爆炸物就是后来所说的火药。

现在已经很难讲请到底是谁导致这座共同信念的古老大厦轰然倒塌，顷刻间化为废墟。有太多人从事这项摧毁和重建的事业，很难单独找出一个人出来。但是，可以这么说，只有伊拉斯谟在他那本容易引发争议的作品上大胆地署上自己的姓名。他没有把自己的姓名遮遮掩掩地藏在暗处，而是放在明眼人都能看到的地方。他甚至曾经在它旁边画了个警示的红旗，还写了一句标语：小心！思想的火山正在喷发！

在伊拉斯谟有生之年，《愚人颂》前后印刷了40多个版次。很快，就被翻译成其他语言。最初是法语版本的，出现在1517年。接着，迅速被翻译成德语、荷兰语、佛兰德语以及英语，大获成功。它以极快的速度广泛流传着。不久，又被翻译成瑞典语、丹麦语、波兰语、俄语、捷克语和希腊语。1842年，连西班牙人也跟风起来，这些为这个世界提供关于愚人最伟大故事的人，也能读到他们那位趾高气扬的查尔斯国王（即著名的查尔斯五世）的老师的作品了。

有些版本和译著是非法的。其实，出版商们不怕麻烦地偷印这本书，表明它是多么的盛行，老百姓是多么喜爱它。就我所知，最早的英文版本出现在1549年，随后有了许多不同的版本。其中一个是普林斯顿大学的霍伊特·霍普韦尔·赫德森教授在其后一天出版的，可惜的是，由于晚了一步它无法给我们任何指导。

我们现在普遍使用的是约翰·威尔森翻译的版本，他是位律师和剧作家，生于1627年，卒于1696年。他并不是激进派，相反，是位热情洋溢的保皇主义者，他在爱尔兰进行了很多有利可图的政治工作，他恰好是约克公爵的密友。他运用了他那个时期的方言，但是除了介绍的小标题，并没有改动太多，目的是让读者更容易理解"愚人女神"谈到自己最喜爱的话题。我们之所以选中威尔森翻译的版本，就是因为他抓住了拉丁文版本原著的精髓，再现了伊拉斯谟这本书的活力。对于书中那些随处可见的学术性注释，思考良久，我们最终还是选择放弃。因为这可能会让读者们陷入同样的窘境。当他无奈地把所有注意力放在猜测那些注释和暗示究竟是哈姆雷特还是麦克白时，翻译工作根本无法正常进行，教授的博学多识反倒成为阅读障碍了。

因为同样的原因，我也要跟你说再见了。德西德里乌斯·伊拉斯谟才是这本书真正的主角，而不是他那位谦卑的崇拜者亨德里克·威廉·房龙。

另附：这本书是如此热销，弗罗本很快就想要出版一个插图版本。著名的汉斯·荷尔拜因先生在书中那些不同场景的涂鸦素描，让出版商也有了相同的想法，即把这些插图放在自己的版本里，但是重新再画它们是如此有趣，所以在得到授权后，我为自己深爱的同城人的作品画了些现代插图。

我有一幅并不知名的伊拉斯谟油画，它差不多有100多年的历史。知道我有这幅画的朋友都猜测它可能是已经遗失的佛兰德人原作的复制版。无论如何，它在我与自己所尊敬的主人间建立了某种直接联系，我非常自豪能拥有这幅画。每次当我完成新一批的插图时，我会把它们放在这位博学多识人文主义者的肖像画正下方的书架上。一天，当无意间走进书房时，我发现这位长者正以慈爱的目光注视着这些素描。那一刻我感到极大的满足，这也是我在艺术境界中辛勤工作想要得到的最大赞赏。

二、布洛克

他是一位在荷属东印度公司的雇员，他很有些名气，还曾担任过一些著名岛屿的总督。

在位于海牙的荷兰皇家图书馆里，有一本旧的范德阿（van de Aa）名人词典。翻开来，你可以看到书页上不知名的严谨笔迹，评论着沉寂在"荣耀家"里的那些名人们。第三卷"B"部有一页已微微泛黄，空白处有这样一段话：

"这里提到的布洛克，不是那个据说在北美有重要发现，并以自己名字为康涅尼格海岸的布洛克岛命名的那位，而是一位在荷属东印度公司的雇员，他很有些名气，还曾担任过一些著名岛屿的总督。"

仅此而已。

范德阿是个杰出而勤勉的人，他了解哪怕是最默默无闻的牧师布道的主题，同时也热衷于药剂师的博士论文和滤器。不过，显然他没有听说过一只小船的船长凭一己之力用若干曼哈顿冷杉树造出一条能够出海的船，将当时的地理知识领域扩展了一千多平方英里。范德阿对此毫不关心，似乎对他来说，这就好像只是一个渔夫出海打了一趟鱼。如果你是范德阿的热切追随者，接下来这位你尊敬的学者还会再次让你失望。

在尼德兰王国皇室档案中收录有大量关于旧殖民地的资料，其中包括一张地图，上面记载了这样一则信息："1616年8月18日，格里特·维特森（Gerrit Witen）向尼德兰七省联合共和国议会呈交了回忆录，此图为其附件。"那张图，第一次揭示出了近代最重要的世界中心的地形地貌。地图的绘制完全基于一手信息，而信息是由一位遭遇海难幸存下来的水手带回祖国的。但这次航行的资助者——一家皮草公司——原本打算的是让政府受益，并不认为水手带回的这些信息有

　　对于人们来说，大西洋几乎是不存在的，因为每位有脑子的水手都会千方百计小心地避开这片汪洋。如此一来，留给人们开拓的，只剩下北海和连接莱茵河和默兹河的入海口的水域。

什么价值。在吹得天花乱坠的航行简介里，没有提及阿德里安·布洛克的豪情壮志。老阿德里安完成了他的任务，干得很漂亮。但他只是那些大规模商业开发计划中的一颗小齿轮。因此，和那些著名的探险者一样，阿德里安·布洛克也成了一位空有名声却不为人所了解的探险家。历史之神的磨盘悠闲而缓慢地转动着。阿姆斯特丹证券交易所里那些精英，曾经看到遥远的群山中那些荒岛似乎大有开发和获利的可能，不过人们已记不得他们的名字，而阿德里安·布洛克的大名则得以留传到现在。说实话，我很想知道布洛克本人对于死后会不会有个纪念碑会不会在意呢。

当然，北海东海岸低洼的沼泽地区，有着非常离奇的历史，大概鲜有匹敌的了。一个被遗弃的沼泽地区，这里是苍鹭和海豹的家乡，远在欧洲"荒野大西部"的偏僻角落，猛地把自己推到了旧世界国家的领先位置。它开拓海域、进行贸易往来；它打入绘画界，雕塑也一鸣惊人；它乐于探险、发现，勤于发明；它欺凌弱小，发动战争；它既吝啬又慷慨，冷傲地看轻一切甚至蔑视命运的安排，以至于不到一个世纪，它就成为了当时文明的最重要力量之一。在那时，它对手里的净利润精打细算，把富余的钱用于安全可靠的债券投资，然后急流勇退，就好像从未经历过什么，变成一个行为端正、自尊自爱的基督教小国，开始享受体面的生活和丰厚的股息，一副今朝有酒今朝醉的模样。

18世纪的荷兰没有什么建树，一提到这个时期它往往会被人们遗忘。不过，当继承和发扬这个先进国度传统的呼声越来越高时，曾经的辉煌时代就将在若干个世纪后被人们忆起。

　　他向更西的方向转移，进入一个宽阔的海峡，穿过这条海峡直至发现更多陆地，他相信这块土地就是亚洲的一个海角，于是开心地往南行进，希望随时都可以发现日本。

此外，人类喜欢冒险，与此有关的故事总是很受欢迎。当命运之神把第一位荷兰船长送出分隔丹麦和瑞典的海峡、把一条捕捞鲱鱼的渔船变为欧洲的常用运输工具时，她就像赌场的庄家投出骰子。那些开始研究荷兰历史的人总是因为持续不断的东方贸易，或多或少感到有些困惑。他们想到的是小亚细亚（Asia Minor）和士麦那（Smyrna）或者东印度群岛的那些岛屿。但当16世纪的荷兰历史学家用"东边的海"（Eastern Sea）这个名词时，指的并不是地中海或太平洋，而是波罗的海。波罗的海是片被陆地包围的广袤海域，它与旧世界中最富饶的地区彼此接壤。地中海，曾是威尼斯人、热那亚人和土耳其人的私有财产。至于大西洋，对于人们来说几乎是不存在的，因为每位有脑子的水手都会千方百计小心避开这片汪洋。如此一来，留给人们开拓的，只剩下北海和连接莱茵河（Rhine）和默兹河（Meuse）的入海口的水域。

人们很出色地对这些水域加以利用，方式也非常实际。中世纪的世界是天主教的世界，保留了所有的斋戒日，因此鱼的消耗量是巨大的。但这一时期的世界，食物的保存也极为简单。1300年到1400年，人们手里的菜单索然无味到令人难以置信。富人们自有养鱼塘来储备肥美的鲤鱼和鲟鱼。那时可没有冰箱。穷人们没有任何办法来保存食物，所以必须在食物做熟时甚至是在刚收获时就把它们通通吃光。一个来自佛兰德斯（Flanders）比尔弗利特（Biervliet）的聪明水手（如果你有兴趣的话，我可以告诉你他的名字叫威廉·柏寇生，死于1397年），偶然发现一种新的改进后的方法，即腌制不大的鲱鱼以便长时间保存和远距离运输。这使得荷兰的鲱鱼业一跃成为欧洲最重要的行业之一，大量的现金（今天看来，现金作为货物被装进货舱实在是匪夷所思）沿着北海（North Sea）和须德海（Zuyder Zee）海岸运往许多小村镇。一般情况下，鲱鱼的捕捞是有一定时间规律的。鲱鱼坚持着某种隐私性，总是在海底保持着家族式的生活。今天，我们有了蒸汽挖泥机和电动绞机，"海底"就不再是个令人生畏的词。但在14世纪，用渔网只可能在海水表面捕鱼。北海的渔夫们因此发现一年里有那么一段时间无所事事，于是开始想方设法来打发闲暇时光。自然而然地，他们开始做粮食揽载生意。此时的欧洲的经济形势再次给他们创造了有利条件。在货币和信贷之前的神秘时代，政治经济学是一门相当贫瘠的学科。错误的税收观念和一些早已过时的农业方式迫使大量的人永远在忍饥挨饿中过日子。糟糕的交通运输则是雪上加霜。

中欧和南欧的农奴们并没享受到富足，他们永远都在寻找充饥之物：偷邻居的猫甚至猫崽；往嘴里塞一切能吃的东西，这些"食物"在你看来可能根本无法接受。即使是近代的那不勒斯，这种情况也时有发生。荷兰的鲱鱼捕捞者们很聪明地利用了友邻们的饥饿。在那些时日里，也就是鲱鱼捕捞期以外的时日里，他们就到东边去，到波罗的海去，这些地区可以说是当时的粮仓。一艘艘满载着粮食的船开往法国、西班牙和英格兰，向那里的人们兜售粮食。出售所得的利润并不高，但就是以这样简单而直接的方式，他们开始变得富裕。船越造越大，鲱鱼也越捕越多，粮食的运载量也在加大，荷兰渔夫们的生活也日渐殷实。就在他们认为新千年已来临时，一件事发生了。

一位热那亚绅士受西班牙国王和王后委托启程向西方航行，希望

74

通往中国的神秘之路　▲

　　找到去往中国的快捷方式。他没能成功，但却意外发现了一片广大而封闭的大洲，并向自己和自己的继任者证明，向这个方向航行不能找到通向东方国家的快捷方式。

　　5年后，1497年，达·伽马（Vasco da Gama）发现了通往印度的路，有趣的事情也随之发生。几乎任何一个冒险家，只要他有一条单桅帆船又有一大帮强壮好斗的助手，都梦想一夜暴富。当然，他还是得冒些小风险。假如他从坏血病和毒箭中幸存下来，的确很可能会取得最初投资3倍至7倍的利润回报。

　　荷兰的渔民们一听说这个消息（他们的邻居英格兰人也趋之若鹜），也开始追随这样的感觉行事："如果我们也可以从这种掠夺中分一杯羹，不知有多好！"很不幸的是，由于中世纪时代的一派祥和气氛下产生了许多奇怪而复杂的国家联姻，荷兰只是西班牙王国领土的一部分，而且此时与西班牙的关系也不那么融洽。其中详细情形就不在这里赘述。不过众所周知的是，这和宗教改革有点关系。关于宗教改革，有一点很重要却常被忽视，我在这里提醒一下读者，这一点就是，在宗教改革中，经济因素和宗教因素同样重要。

　　美洲的发现并没有引起欧洲人多大的欢欣。突然之间黄金不断地大量涌向欧洲，而这片大陆上的大多数人甚至一辈子连一块金币都没有见过。这场"黄金暴雨"给农业带来了毁灭性的打击。这听起来有点难以置信，但农民们所受的苦难的确十分沉重。他们终于意识到了这一点，甚至揭竿为旗，抗争悲惨的命运。接下来就轮到经商的中产阶级走向觉醒了。这群人不得不把手中的真金实银不断拱手送给教会的头头脑脑，于是世界上的大部分金银集中到了意大利，中产阶级对此一直耿耿于怀，生出怨恨也是情理之中的事。他们在经济上的考虑与宗教上的不满紧密结合，这种状况持续了一百多年，使得欧洲北部和位于阿尔卑斯山另一侧的其他地区一分为二。

　　即便如此，如果欧洲大陆政府再有能耐些，这种情况仍是可以挽救的。但时为低地国家统治者的西班牙腓力王并不是个心胸开阔、宽容大度的人。他喜欢按自己的意愿来决定臣民的生死，而不是让他们如马丁·路德博士和加尔文博士所希望的那样安居乐业。要让这些异端分子染指利润丰厚的印度贸易，对他来说简直够得上判严重的叛国

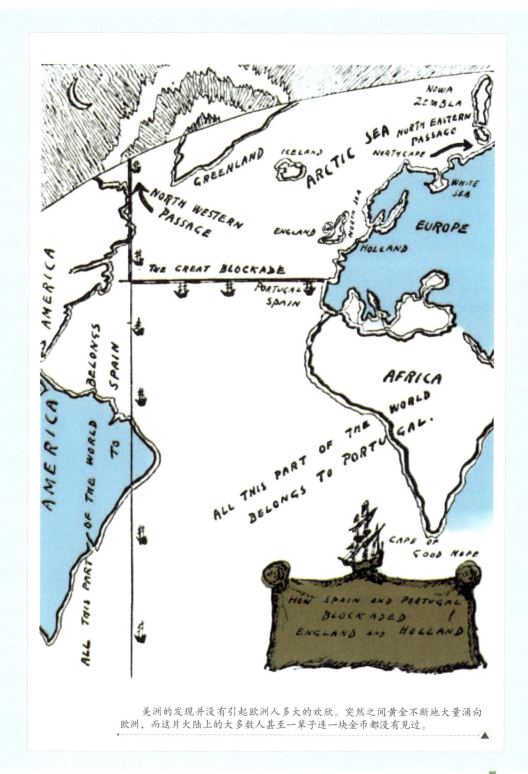

美洲的发现并没有引起欧洲人多大的欢欣。突然之间黄金不断地大量涌向欧洲，而这片大陆上的大多数人甚至一辈子连一块金币都没有见过。

罪。与其让一个路德教徒或加尔文教徒擅自闯入他的热带领土，用有害的教义来腐蚀他那些古铜肤色的臣民，他宁愿打45场仗。

因此，他警告所有荷兰人和英格兰人不得踏入美洲。

我们可以用图来说明以下情形：西班牙人和葡萄牙人垄断了去往印度和美洲的通路。教皇根据托德西利亚斯条约（Treaty of Tordesillas）把整个世界瓜分给了西班牙和葡萄牙这两位忠实信徒。如此一来，英格兰人和荷兰人发现自己被困在一个叫作北海的小洼地里。要找条出路，就得冒冒风险，有可能剩下的人生就是戴着脚镣为国王的船摇桨卖力。

（All This Part of The World Belongs to Spain. 世界的这部分地区全部归属西班牙。

North Western Passage　西北通道

Greenland　格陵兰岛

Iceland　冰岛

The Great Blockade　封锁线

Portucal　葡萄牙

Spain　西班牙

England　英格兰

Holland 荷兰

Europe 欧洲

North sea 北海

Nova Zembla 新地岛

Noeth Eastern Passge 东北通道

North Cape 北角

White Sea 白海

Africa 非洲

All This Part of The World Belongs to Portugal 世界的这部分地区全部归属葡萄牙

Cape of Good Nope 好望角

How Spain and Portugal Blockaded England and Holland 西班牙和葡萄牙是怎样封锁英格兰和荷兰的。）

在这种情况下，他们只有一条出路：必须再找一条通商道路，另辟蹊径制造自己的创业神话。

当时，大西洋的北部水域是真正的"未知水域"。只有一些挪威水手对于去冰岛的路了如指掌。格陵兰岛在被占据了近四个世纪后，已经淡出了人们的视野。性格奔放的俄罗斯水手偶尔会造访挪威北部港口，在他们的故事里新地岛（Nova Zembla）的存在鲜为人知。

　　至于极地，人们相信它是一个又大又深的地穴，就算地球上所有的河流都流入这个地穴里也填不满。没有人说得清楚在什么条件下，为什么要这样做或怎样才能做到。但每个人都愿意相信这个古老的地理奇谈。据说哥伦布在寻找通向印度的道路时到过冰岛，但他在述及自己生平的一小段话里谈到的"极北地区"似乎也远不过法罗群岛。法罗群岛的位置靠近苏格兰北部，而不是在北极圈。当早期荷兰人和英格兰人决定打破西班牙人和葡萄牙人的封港令去寻找属于自己的东方贸易通路时，这些信息和故事，就成为了他们用以航行的所有指南。

　　1497年，探索开始了。当约翰（John Cabot）和塞巴斯蒂安·卡伯特（Sebastian Cabot）重新发现纽芬兰（Newfoundland）（因挪威人的造访而出名），并且开发了北美从拉布拉多到佛罗里达的整个海岸。卡伯特家族并非来自英国，正相反，他们来自地中海。约翰和哥伦布是同一国人，而他儿子塞巴斯蒂安则出生于威尼斯。就像他们的许多邻居一样，他们感到古老的内陆海虽然迄今为止一直是通向富饶之地"Cipangu"（马可·波罗将日本记作"Cipangu"。———译者注）的主要道路，但很快就会成为一片广大的无用水域，而且商业世界的利益中心也将转移到大西洋海岸。因此他们乐于为英格兰的亨利七世效劳。这位到过麦加的朝圣者（约翰·卡伯特游历无数地方，曾经拜访过伊斯兰世界的圣殿）现在将自己事业航船的方向往西转移，余生都在寻找通往印度的快捷方式。他为当时的地理知识的丰富作了很大贡献，看到了很多冰山。不过，至于所谓的"快捷方式"，他也和前人一样没能找到。

　　在1498年，约翰一度认为自己已经解决了这个麻烦问题。他当时并不是真正地清楚自己在什么地方。风与洋流把他带到一片广阔而多山的陆地，他称之为"拉布拉多"。事实上他只是重新发现了格陵兰岛，但显然他当时并不知道，也因此后来他的船员们开始搞暴乱。（那个时代的开拓探索事业十分艰难，不像听上去那么惬意轻松。所有的水手都因此养成了"墙倒众人推"的习惯）他向更西的方向转移，进入一个宽阔的海峡，穿过这条海峡直至发现更多陆地，他相信这块土地就是亚洲的一个海角，于是开心地往南行进，希望随时都可以发现日本。但他没能与传说中的日本人相遇，而是偶然遇到了一支流浪的印第安人部落，得到了一些皮草，但没获得什么新的信息。数周后，他放弃了这种无休止的追寻（因为要找的东西根本就不存在），回到了英格兰，结束了这场无意义的旅行。

极地探险 ▶

81

他的儿子，塞巴斯蒂安，没有被他父亲的失败打击，仍然执着于寻找那条西北方向的"快捷方式"。他对此事的确有很大促进，并有了国际性的影响。他为英格兰王亨利八世进行的航海旅行，颇有发现；曾经率领西班牙船队航行；也曾与威尼斯政府谈判过。但西北方向的那条"快捷方式"仍然没向世人现身。他也只能和他的前任者一样望洋兴叹，去印度的"快捷方式"问题仍然是一个谜。

尽管航行将会遇到难以预测的险情，尽管卡伯特父子失望而归，相当一部分渴望一夜之间名利双收的人并不会受到影响，他们热情不减。但其中大多数人都没能载誉史册，因为他们航行时只是避重就轻，去的是南部那些舒适而相对安全的区域。威尼斯人维拉萨诺（Verrazano）和法国人雅克·卡蒂埃（Jacques Cartier）两人都值得一提。维拉萨诺可能是第一位看到哈得孙河河口的白人。雅克·卡蒂埃发现了圣劳伦斯河（Saint Lawrence River），为一个国家美好的未来奠定了基础。这个国家就是今天的加拿大。

同时，既然西北方向的探险一无所获，英格兰和荷兰的商人决定试试东北方向，热切的目光开始投向新地岛附近。

塞巴斯蒂安在离开英格兰时，已经制订好了经由北欧和亚洲去往中国的完整计划。在他死后若干年，这个计划才得以真正执行。一只装备优良的船队，由威洛比爵士（Sir Hugh Willoughby）指挥、理查德·钱斯勒（Richard Chancellor）领航，于1553年驶向北冰洋。这一年对航行来说可不太吉利。船队刚过北角，就遇上了一场可怕的暴风雨。威洛比的船与他的领航船被迫分开。威洛比被迫在拉普兰（Lapland）登陆，不得不开始做在北极过冬的准备。从他死后被人们

尽管航行将会遇到难以预测的险情，尽管卡伯特父子失望而归，相当一部分渴望一夜之间名利双收的人并不会受到影响，他们热情不减。但其中大多数人都没能载誉史册，因为他们航行时只是避重就轻，去的是南部那些舒适而相对安全的区域。

发现的日志中我们获知，1554年1月他还活着。此后的日志便一片空白。威洛比与他的同伴们相继死去。至于钱斯勒，他在可拉半岛的海岸地区漂流了一些时日，之后被冲进一个大海湾——白海。

起先，庞大的外国船队的桅杆到达之处，海岸的当地居民免不了都惊慌失措，四处逃散。但不久以后，出现了几个受"莫斯科国王"委派而来的官员，他们正式邀请英国造访者一起向远在莫斯科的主人致意。于是，钱斯勒坐上颠簸的雪橇，飞快地前往俄国的首都。他差点在俄国北部的冻原上丢了性命，但最终还是到达了目的地莫斯科，当年秋季返回了英格兰。人们也得以从他那里听说了这番奇遇。

三年后，他第二次造访这些人迹罕至的偏远地区。这次他遭遇了海难，溺水身亡。另外三个英格兰人，史蒂芬·伯勒（Stephen Burrough）、亚瑟·佩特（Arthur Pet）和查尔斯·杰克曼（Charles Jackman）继承了他的事业。但前辈们的失败减弱了投资者的热情。他们的航船规模很小，吨位从20到50不等，还白白花了好几个月的时间在喀拉海（Kara Sea）和新地岛南部海岸的开拓上。他们发现了大量冰块，猎杀了几头北极熊，但对东北航线的探索却没什么进展。

同时，西班牙人的一些举动非其所愿地，也是无意识地刺激了他们北边对手的开拓热情。西班牙人重新攻占了佛兰德斯。结果安特卫普（Antwerp）一大半的商人被迫离开须耳德河（Scheldt）沿岸的老家。这些流亡者身无分文，但保持了他们的个性和良好的信誉。这种无形资产却比大量的现金更有价值。

那些老练的佛兰德斯商人又回到起点开始白手起家，帮助那些接纳和救济自己的国家一起对抗西班牙。从伦敦、阿姆斯特丹和费勒（Veere），他们的一切行动只有一个目的——破坏西班牙在西印度群岛和美洲的垄断地位。这些商人无处不在。一个叫奥利佛·布鲁内尔（Oliver Brunel）的佛兰芒人一直与著名的俄国斯特罗加诺夫（Stroganoff）公司联系密切，向东航行至鄂毕河（river Ob.）。我们还发现，他的行迹遍及整个喀拉海地区。北冰洋的开拓事业又一次火热起来。出人意料的事也随之发生。

林苏豪顿（Jan Huggen van Linschoten）回到家乡——小镇恩克豪森（Enkhuyzen）。林苏豪顿的事业和阿德里安·布洛克不同。他为他的国家作出了许多贡献，但其成就也只被人们当作商业日常活动的一部分。他始终保持着自己的本色，余生都几乎只是个默默无闻的小市民。作为近代发现航行之旅的五星级英雄之一，他实在是太鲜为人知了。他身上发生有许多重大事件，也很少有人知道。他几乎是在一种难以抑制的旅行癖的驱使下去了里斯本，在那里学习了葡萄牙语。接着他作为私人秘书随同一位葡萄牙主教前往果阿（Goa）。他在印度待了整整五年。这期间因为思乡情重，他又回到了气候温和的须德海海岸。

荷兰人意外地发现自己拥有了一本可以用于印度航行的生动指南。即便如此，在荷兰商人敢于首次通过好望角向印度航行之前，也已足足过了六年。往返爪哇的旅行要耗费两年多的时间，而且从旅行的商业角度看，这次旅行并未成功。但它证明向南到印度的航线没有想象中那么困难。南方教友们持续了一个多世纪的事业，北方的水手也是可以胜任的。在正常情况下，探索极地危险航线的兴趣会因此而终结，事实却非如此。16世纪仍然还停留于中世纪，人们坚定地相信繁荣与垄断是一回事。西班牙和葡萄牙通向中国的道路被发现后，荷兰商人就立刻组织了一个强大的公司——荷属东印度公司，劝服政府向自己授予特权，以便能够独享未来所征服和开发的地区的最高统治权。没有被邀请加入该公司的人内心极为憎恶这些更为成功的同僚的傲慢，十分不满他们的贪婪。于是他们出于公道心不断申诉，当一切都被证明为无谓的浪费时，他们再次想起了东北航线，决定通过西伯利亚的后门来争取自己的一点垄断权。

于是，喀拉海上的航行又兴盛起来。于是，又有遭遇海难的水手流落到新地岛白雪覆顶的山冈间……离奇的冒险经历展开了。于是，一场场可怕的灾难开始出现：水手们寻找着在北冰洋过冬的各种可能性，经历坏血病，全身在寒冷中冻僵，最后大批死亡。但探险的热烈氛围既已形成，也就没有什么能够浇灭那些英勇无畏的开拓者的热情。每个孩子都会在梦里见到北极熊、爱斯基摩人、狐狸，还有极光的神秘光芒。

每个能干的船员都吃过罗弗敦（Lofoten）的干鱼，都曾与穿着皮毛的可拉渔民讨价还价，都至少有一次"差点命丧恶熊之口"。

这些人中，有一半名字都与后来摩鹿加群岛（Moluccas）和爪哇的伟大行动有关系。它们最早出现于16世纪八九十年代一批航船的船员名册中。这批航船先后离开泰瑟尔停泊区驶向北方那些不太友善的野人。就商业角度来看，这些探险完全是失败的。不过，它们拓展了我们对斯匹兹卑尔根岛（Spitzbergen）、北西伯利亚、新地岛和远方格陵兰岛的地理知识，甚至还导致产生了一种奇妙的"猜想"（在当时人的眼里，绝对是歪理邪说）：世界的顶部是由一片广袤的水域构成的。约莫一年以前，伯德（Byrd）和阿蒙森（Amundsen）在飞行器的帮助下向我们证明了这一点。不过，16世纪后半叶已经积累了足够的信息，地图绘制员得以确认某个人们还没见过的海洋的存在。这说明一方面当时的绘图技巧已经相当高超，另一方面水手的专业航海知识也已十分丰富。

这里也无须赘述荷属东印度公司始终非常关注这些航行对于他们舒适而高利润的垄断区域的影响。他们在东北航线上并没立刻获利，取道好望角的航线是由他们独占的，而且安全舒适。但是，一个竞争对手正逐步掌控经由西伯利亚到爪哇的快捷方式，正在加强新地岛与维加赤岛（Vaygach）之间海峡的防御能力（正如其计划的那样）。这些就像是一个幽灵，始终困扰着荷兰东印度公司的头头脑脑们，他们不止一次彻夜难眠。最终，他们决定"应该有所行动了"。

他们已经拥有了打开东印度正门的钥匙。

现在他们打算再去把住后门。

然后，他们得出了这样的推论：我们对香料贸易世界的垄断即将完成，利润自然也会随之增加。

但到哪里去找一个人可以在众人失败处获得成功呢？

如果雇佣自己国家的人是否安全？他会不会把秘密出卖给阿姆斯特丹或米德尔堡（Middelburg）的对手公司？

所有这些讨论和恐慌很快消失，因为当时著名的英格兰探险家亨利·哈得孙（Henry Hudson）恰好被解雇，正在寻找雇主资助他以北冰洋为目标的旅行。

我已经告诉过你，像林苏豪顿和布洛克这样的著名水手的形象总是模模糊糊，因为我们对他们的私生活一无所知。亨利·哈得孙也不例外。我们恰好知道他是什么时间在哪里死去，只是因为他的"发现号"上的船员发动暴乱时将他和他的儿子以及7个病号赶上一艘小船。他们陷入了饥寒交迫，1611年在哈得孙湾相继死去。

但我们知道的也就仅限于此。

另一方面，关于亨利·哈得孙有不少的报道和日记，这些资料数据表明他是当时最优秀的航海家之一。他最著名的北向旅行之一是在1607年，当时他开始为英格兰穆斯科维（Muscovy）公司工作，试图开拓西北航线。他对这条航线有着很大兴趣和热情。他确信所有那些西伯利亚海岸寻找快捷方式的人只是在浪费时间和投资者的钱。大概只有老天知道他这份自信的根据在哪儿。1607年他的航行没有成功，甚至未能穿过格陵兰岛，还白白花了数个月的努力去寻找扬马延岛（Jan Mayen）和斯匹兹卑尔根之间的开放水域。1608年的第二次航行同样没能成功。由于接连的失败，他和公司的合作也结束了。穆斯科维公司转入了新大陆斯匹兹卑尔根海岸的捕鲸业。就在此时，荷属东印度公司的董事会小心谨慎地联系他，请他到阿姆斯特丹参加1608年秋季召开的一次会议。很明显，荷兰贸易事宜的地理顾问们并不认同他对西北航线的那份坚持，反而一直赞成西伯利亚路线。哈得孙对此并不介意。比起海滩上那些柔软舒适的床，他更喜欢哪怕是最糟糕的驳船上的卧铺。只要给他一艘船，让他干什么都愿意。1610年4月6日，他离开泰瑟尔，作为"半月号"（Halve Maen）的船长，直接驶向巴伦支海（Barendtsz Zee），以纪念1597年航行至此遇难的荷兰航海家威廉·巴伦支（Willem Barendtsz）。哈得孙心情急切，以致到达北冰洋的时令略早了些。厚厚的冰层阻碍了他的前进。船员们威胁他要进行暴乱，哈得孙感到他已经做够了好人，于是1610年5月14日，他掉头走上了自己信奉的航线。他没有采纳手下提出的积极意见，而是直奔法罗群岛，在那儿重新装满了新鲜饮用水，随后他扬帆向中国前行。现在听来这似乎有些可笑，因为我们一直以为1610年美洲海岸已经为人熟知，而人们也不再相信有通向中国的快捷方式这种传闻了。

但地图上的确有一个部分在人们看来是"未知之域"（terra incognita），在今天它已是美国人口最密集的地方了。看看地图你就知道这是怎么发生的。

从科德角（Cape Cod）南下到五月角（Cape May）这段海岸形成了一条微向内的曲线。一般的航海家会试图避开五月角。科德角给这些危险的浅岬角提供了一个宽大的停泊区。此时南北方的国家和地区都得到了完全开发，而长岛（Long Island）的沙丘尚未被欧洲人造访。有些不小心偏离了航线的水手曾含糊提到一条"鸿沟"。当风沿着维吉尼亚（Virginia）海岸（当时，那一片地区都被看作维吉尼亚）推动船时，他们从远处看到了这条"鸿沟"。但没有人在意，也不敢去靠近调查这"鸿沟"究竟是什么样的。哈得孙决定亲自去开发这条通道。他从朋友约翰·史密斯（John Smith）船长那里得知了它的存在。这位史密斯船长可是个厉害人物。他是个杰出的探险家、斗士和殖民地管理者，但很不幸，他只是作为波卡洪塔斯（Pocahontas）[1]的那位英国朋友而成名，没有人发现他本身的光芒。约翰·史密斯若干年前一直住在维吉尼亚海岸，没有认真地考察过那里。不过，他为人

---

[1] 波卡洪塔斯是维吉尼亚印第安波瓦坦族一位重要首长的女儿。据说她救了英国人史密斯（John Smith）的性命。她试着要促进波瓦坦人和英国殖民者之间的和平；甚至还改信基督教与移民罗尔夫（John Rolfe）结婚。

——译者注

慷慨，很高兴地将自己的秘密告诉了哈得孙。1609年6月15日，"半月号"到达了新发现的地区纽芬兰。此时一场暴风雨把船的前桅给吹跑了（都6月了，这样的天气真是够"好"的）。人们在肯纳贝克河上对船进行修理。9月3日，"半月号"在下纽约湾抛锚。哈得孙满怀希望。天气也好得出奇。他几乎无时无刻不在期待抵达太平洋。但他没有如愿到达北京，最后发现自己在奥尔巴尼（Albany），此时河道已经无法航行。哈得孙回到了欧洲，又一次提交了失败的报告，并且在英格兰锒铛入狱，因为他向荷兰而非自己母国英格兰透露了重要的地理发现。

亨利·哈得孙的探险宣告了荷兰人目前所知的北冰洋开发之旅的终结。北方路线作为一项进展糟糕的工作，终被人们放弃。此后，荷兰人将全部精力投入到了好望角航线的发展。同时，由于哈得孙让人们知道了他在维吉尼亚发现的土地上的国家公平而繁荣，大家决定冒险投入一笔钱来开发这片土地，看看怎么做才可以有利可图。由于与印第安人的贸易几乎花了所有的钱，要在这个冒险的事业上投资也有点困难。但这也不一定。所以不少胆子大的商人因为相信传闻奇谈（哪里有印第安人，哪里就是黄金遍地），都跨洋前往那条以发现者亨利·哈得孙的名字命名的河。

关于那些最早的探险家，我们所知极少：

大多数人都彻底失败。他们甚至还没到哈得孙河的河口，就折返回国，谴责这个英国人是个江湖骗子。其他人稍有收获的也就是带了些很有价值的皮毛回来。但我想警告那些业余的历史侦探，如果试图把这个重要时期的混乱完全厘清，他们只能陷入困惑。这一时期，许多船都取了同样的名字，比如"银狐号""夜莺号""海豚号"，你很难进行分辨并一一追寻它们各自的轨迹。此外，这些最初的美洲探险都相当谨慎和秘密，从没有发布过航海日志。但还是找得到一些数据。比如，我们听说了亨德里克·克里斯汀生（Hendric Christiaensen）船长的大名，但他的出生年月不详。他好像是克利夫斯（Cleves）①人。1616年后不久，他在指挥拿骚堡垒（Fort Nassau）时，被一个印第安酋长杀死。这个酋长是两个当地小男孩的亲人。克里斯汀生曾经将这两个孩子从父母身边带走，回到荷兰。17世纪的人们和现在的我们很相似。对于他们没曾亲眼见过的远方生活，粗略的介绍描述难以激起他们的兴趣。他们想要知道的是"是人就会想听的故事"。因此两个可怜的俘虏的名字就流传了下来。一个叫奥森（Orson），另一个叫瓦伦丁（Valentine），后者的名字和情人节这个浪漫节日的创始人一样（当然这里与此无甚关系）。早期的欧洲探险家们想抓些当地土著，给他们进行洗礼、带回欧洲……再给他们上堂关于基督宗教的简短而集中的课，尽管这很困难。后来，两个孩子回到了自己的部族，他们向自己曾经的异教教友们传播起福音书的真理来。这些实验和以前曾发生过的类似事件一样，好像都导致了极为可悲可叹的失败。奥森和瓦伦丁，就是拥有这样诗意的名字，也不例外。他们由于邪恶、暴力和无赖的把戏等在部族里臭名昭著。而当他们野性大发时，又设计出更多的花招，变本加厉地使坏。结果克里斯

---

① 当时的普鲁士由三大块被分割的领地构成：普鲁士公国、勃兰登堡和克利夫斯公国。

——译者注

奥森和瓦伦丁，由于邪恶、暴力和无赖的把戏等在部族里臭名昭著。而当他们野性大发时，又设计出更多的花招，变本加厉地使坏。结果克里斯汀生被奥森的亲人暗杀。

汀生被奥森的亲人暗杀。这次暗杀是在印第安人的复仇精神中进行的，所以看起来就好像他们某个男性亲属的本性被强制地扼杀了，而不是像荷兰水手们所期待的那样，真诚地感激这种"文明的启蒙"让他们摆脱了物质愚昧的异教信仰。但是，故事就讲到这儿吧。我们还得回到之前的话题，回到1613年。

这年的春天，5艘船离开荷兰驶往新世界。其中的两艘"老虎号"（Tiger）和"幸运号"（Fortune）比其他三艘运气好很多。"幸运号"的指挥者是我们的朋友亨德里克·克里斯汀生，阿德里安·布洛克是"老虎号"的船长。我们有理由假定布洛克以前曾造访过一次美洲海岸。也许是作为别人船上的货监，但没有可靠的文件证明。不过可以肯定的是1613年的这次旅行意义十分重大。阿德里安·布洛克已不再是一个货监，而成长为一个船长，于是很安全地将船驶过了大洋，在哈得孙河抛锚。后来所发生的事情我们大可像17世纪编年史那样简短扼要地讲。有一天下午，由于某个船员工作时的粗心大意，"老虎号"着了火，火势很大。船倒没有沉，但完全无法再次出航。布洛克和他的船员们决定就地在新大陆过冬。他们自己修建起一些小木屋，安置了一些家具，包括两个从火中抢出来的炉子。这些屋子的具体位置我们不得而知，不过它们的确曾位于曼哈顿岛高高的哈得孙河岸上。

那个冬天应该没太冷，因为我们没有听说他们遭遇大的困难。也许他们太忙了，没工夫生病。白天整日都在敲敲打打，一只小的敞篷船就此诞生。修船的材料都是从烧了一半的"老虎号"中抢出来的。他们把这只小船叫作"恩日斯号"或者说"忙碌号"（取这名字可不

　　这年的春天，5艘船离开荷兰驶往新世界。其中的两艘"老虎号"（Tiger）和"幸运号"（Fortune）比其他三艘运气好很多。"幸运号"的指挥者是我们的朋友亨德里克·克里斯汀生，阿德里安·布洛克是"老虎号"的船长。

"恩日斯号"与"幸运号"
大会师。

是在玩幽默）。

　　河冰刚开始融化，布洛克等人就继续前进，去开发当时还不为人
所知的莫希干人（Mahikans）和那拉提坎人（Naraticons）所在地区。
他们通过了一道窄窄的海峡，并将它命名为"地狱之门"（荷兰文：
Hellegat，英译：Gate of Hell）。那道海峡隔开了长岛和内陆，它的任
何一个角落都没有被布洛克放过。他们是第一批造访那里的人，此后
那里便成为了走私犯们的乐园。这就是布洛克岛。当他们以个人角度
考察了桑迪胡克和科德角之间一切可以考察的东西后，回到了"青山
之岛"，也就是现在的曼哈顿岛。在那里，凭着仅剩的一点好运气，

他们被完好的"幸运号"发现了（我这里本没打算要一语双关）。"幸运号"整个冬天都在与特拉华（Delaware）地区的印第安人做交易，正准备回国。根据某些权威数据显示，克里斯汀生是和布洛克一起回国的。不过，另一些权威数据表明，他被当作"恩日斯号"赠送给印第安人的礼物，留在了新世界。但这些都只是猜测。那段时期的文件已经难觅踪迹，我们可能永远也发现不了真相，也无法确定英雄阿德里安·布洛克是否还会有更多的探险经历。

一些撰著者认为布洛克一共进行了7次航行，随后遇到了海难。但这种看法可信度并不太高。

另有些撰著者却认为，布洛克指挥一支捕鲸船队开往了施皮茨贝尔根。还有些人试图证明他在新阿姆斯特丹（荷兰文：Nieuw Amsterdam，即现在的纽约）定居下来，平静地生活，安享晚年直至高龄去世。说实话，我们无从判断，而且要搞明白真相的概率大概只有百万分之一吧。

但这又有多少区别呢？

阿德里安·布洛克已经做得非常好了，出色至极。他所做的为一个新的殖民帝国奠定了重要基础，这也许还是在另一种略有不同的情形下他的母国荷兰能够在北美成为主要的势力的主要原因。

说这么多也许你会觉得有些不公平。

那亨利·哈得孙呢？

不是哈得孙第一个发现那条河的吗？

不是哈得孙第一个将荷兰国旗插在这片土地上吗？

当然没错。

但是，哈得孙在阿姆斯特丹的雇主会认为他的航行并不成功。公众对于他的这次本来极为有趣的发现并不在意。

如果没有他呢？

16世纪早期，地理发现的秘密非常有价值，人们总是小心翼翼地保护着这些秘密，就好比我们现代社会对专利的重视和保护一样。一个政府或者贸易公司如果知道通往世界远方某地的道路，就会把路线图视作珍贵无比的所有物，这是必须对所有竞争对手保密的精神与智性上的垄断。

你应该会很难想象，美国工程师将自己最珍视的发明蓝图发给德国或法国的竞争对手。如果通用公司的一位工程师跳槽去了柏林的西门子公司，还随身带去了相同岗位的工程师同事的设计书，公众难道不会认为这是种典型的背叛吗？

曾为英国穆斯科维公司工作的一位航海家开始为荷属东印度公司服务，某天偶然看到了另一个英国探险家（他恰好在英格兰维吉尼亚公司工作）的地图。于是不仅要在现实中危险的航线上航行，还得冒着被母国控诉的危险。

当害怕船员暴乱的哈得孙进入达特茅斯港时，英格兰官员阻止他前往荷兰，并告知他绝对不能将探险结果告诉荷兰的雇主。没有人会批评英格兰政府这种专横的命令。

但碍于封港令，荷属东印度公司不得不用一个非常简短的总结来让自己感觉好一点，至于正常情况下会成为总结报告附件的那些地图，在欧洲许多文献里都全无踪迹可循。

哈得孙是个优秀的绘图师，从他画的北向探险之旅的图里我们可以感觉出来。这些图没有一张抵达阿姆斯特丹，只不过说明英格兰政府想保守这些地理秘密。就荷兰人来说，哈得孙整个探险的结果在1611年12月2日加德斯特侯爵（Marquis of Guadeldste）从布鲁塞尔写给西班牙国王的一封信里得到了最好的概括："约翰·哈得孙（谁会关心一个无名之辈的名字是不是被搞错了），某些时日前由东印度公司差遣从荷兰出发去开发北部的世界。旅行结束后他回到了英格兰，但还没有向雇主提交一份完整的报告。"

哈得孙的确是有新发现，但对荷兰人来说毫无意义。神通广大的赫塞尔（Hessel Gerritsz，荷属东印度公司的官方绘图师）在1612年发布了号称吸收了哈得孙新发现的地图，但图中没有哈得孙河。这张地图关注的是亨利在哈得孙湾区域的旅行，而这次旅行是在他著名的曼哈顿之行后的一年进行的。

如果不是阿德里安·布洛克和他仔细勾画的描绘性地图，很有可能美洲西海岸的中心地带，会和1616年荷兰人发现的澳大利亚一样，在很长一段时间里，仅仅只是一个地理名词、一片几近被人遗忘、人迹罕至的不毛之地，只有海盗还有商人雇用的冒险家们才会偶尔光临。但阿德里安·布洛克的报告，尤其是他的地图（商人们喜欢数据与事实，对蓝图也有天生的崇敬）第一次向人们描述了这片地区，还促使了一个贸易公司的产生。这个公司打算将全部时间和精力都投入到新世界的开发中去。

1625年4月22日，四个"生意人"（其实是一群温和的动物，三只家禽和一条鱼）："马克莱尔"（Macreel）、"帕尔特"（Paert）、"克伊"（Koe）、"沙普"（Schaep），离开泰瑟尔去往美洲。

阿德里安·布洛克之后的一些年，人们到底还是决定在那片广大但有利可图的荒野开辟殖民地，名字就是"新尼德兰"。

他们的头儿，也就是财大气粗的西印度公司董事们不喜欢拖泥带水。公司将管理这片新的地区（之前已经有几个独立但规模小的组织来此试着管理过，都以失败告终）。那时纸张很便宜，墨水也即用即有。成堆的说明和要求的文件也随着管理者们一起上路。其中包括了在"曼哈塔那"（Manhattana，即曼哈顿）岛建立要塞的详细说明，要塞的名字得是"阿姆斯特丹"。

这是300年前的故事。

今天那个在旧荷兰式的要塞城墙环绕下的小镇已经是一个庞大的现代帝国的生活中心。

再过十年，它将会被看作全世界的知识和经济中心。

历史的模拟其实是很危险的。

此外，在现在这个民主时代，对大众的顶礼膜拜已经取代了对英雄的热情推崇。

MAQUAAS－即"Mohawk"，莫霍克族（印第安部族）。

毫无疑问，随着一次次重大事件和发现的产生，早已被迫与自己传统剥离的人们慢慢会找到通往幸福和富庶的道路。

毫无疑问，随着一次次重大事件和发现的产生，哈得孙河河口会发展出一个强大的城市。

但所有这些猜想，不管有多棒，都与历史无关。所以我会留出想象的空间，再平心静气地回到日常的现实生活中。

对了，你能帮我一个小忙吗？

下次当你看向"青山中的荷兰小村庄"印在天际的轮廓时，下次当你乘船横跨这里的河流时，下次当你沉思是谁在新世界海岸沿线发现了一个崭新而欢乐的第二故乡时，请暂时放下手中报纸，放任思绪飞回几个世纪前。

在这些湍流的某处，在遍布密林的河岸的危险岩石间，一只小船正小心翼翼地在茫茫的未知中寻找出路。船上招展着今天仍然飘扬在这里公共建筑上方的旗帜。它是一群离家3000英里、不敢肯定是否还能返程的人最后的避难所。

他们的船长就是阿德里安·布洛克。

稍稍想想这个人，为他暗暗叫声好。

这是他应得的。

All This is A Wilderness. – 所有这片区域都是荒野。

Nieuw Nedrland – 新尼德兰

101

Mahikans － 莫希干族（印第安部族）

Makimanes － 莫克摩恩族（印第安部族）

Manhattana － 曼哈顿

Hudson River － 哈得孙河（莫里斯河①）

Irocois － 易洛魁族（印第安部族）

Pequats － 皮阔特族（印第安部族）

Maine － 缅因

To America － 开向美洲

Cape Cod － 科德角

Nantucket － 南塔基岛

Martha's Vineyard － 马莎葡萄园岛

Block － 布洛克岛

Long Island － 长岛

To Holland － 驶回荷兰

Adriaen Block － 阿德里安·布洛克

---

① 当时统治荷兰的是奥兰治（Orange）家族的莫里斯亲王（Maurits van Nassau），发现这条河的亨利·哈得孙便给这条河取名为莫里斯河（Mauritus River）。

三、我的教科书

01 写在前面

　　杜邦公司生产许多重要的材料，这些材料是书籍进入实际生产的物质基础——装订用的硝酸纤维素涂层织物、制造油墨用的颜料和漆、生产纸张用的色素和化学品、包装用的玻璃纸纤维素膜。因此，杜邦公司对美国现代的书籍出版产生了极大的兴趣。作为"防水假皮"和PX布装订材料的供应商，杜邦公司的"防水假皮"部门列出了"图书制造商协会"创办展览的赞助者和合作者名单，这个展览至少在一定程度上展示了图书的实际生产程序。作为杜邦公司合资企业的合作伙伴，"T.W.&C.B.喜来登公司"提供了自动冲床控制箱，"皮尔莱斯辊业公司"提供了在封面或装订物上印制标题的附件。这是美国合作的典型例子，能够使公众很好地理解美国的工业对人们日常生活的贡献。

　　如果你参观杜邦公司在纽约世界博览会举办的"神奇的化学世界"的展览，我们会送给你这本用PX布装订的书作为纪念品。PX布是一种硝酸纤维素浸渍织物，它因为具有抗垢力强、耐用以及功能美的优点而著名。

我们在亨德里克·威廉·房龙位于老格林尼治的家中安静地喝着茶，一名编辑碰巧提到了学校图书和课本这一主题。

在我们这片伟大广袤的国土上，人们对编辑更好的教育书籍的兴趣正在广泛地被唤醒，这个愿望不仅包括改善教育书籍的知识内容，而且还包括提高书本的外观质量。我们相信，阁下作为一名家长、一位教师或者一名教育工作者，应该都不会对这一场书籍改良运动无动于衷。

我们在亨德里克·威廉·房龙位于老格林尼治的家中安静地喝着茶，一名编辑碰巧提到了学校图书和课本这一主题。就在那时，我们正在思考世界博览会，思考我们能做什么可以使得人们熟悉我们的书籍。我们坚信，我们的书籍会使我们的孩子们的在校生活变得有趣许多。看来我们是来对了地方，因为主人如是说：

"你们好像在援引我自己的关于'教科书'的章节。从现在起的20年内的某一天，我会完成我的无休止的自传。因为我现在尚在完成有关最初10年的故事的写作，接着还要完成50年的故事。"

我们向主人请求拜读一下他的自传中有关教科书的章节，主人给我们倒了一杯茶水，并把文章手稿交给我们。这些手稿把我们带入到他的研究工作中，它是率直的文学，它肯定是没有广告的副本。但它好像完全涵盖了我们关于教科书的主题，我们向主人提出再版它的请求。

主人说如果我们允许他为自己的书作几幅插图，他非常愿意把他的书交给我们再版。对于这一点，他解释说："我的书如果没有插图，看起来就像某人去圣·詹姆斯法院，忘记了戴衣领和系领带。"

我们从心底赞同主人提出的要求，而且我们愿意原汁原味地把他的自传中有关章节奉献给读者。因为在这里，我们彼此不知道对方的计划和想法，却发现我们都在同一陌生、狭窄的道路上，这条路引导我们所有人回到青春时代，那个时候，我们应该从我们的教科书中学习到生活的真谛。

02 我开始上学了

　　我上小学的年龄是个令我挠头的问题，那年我可能五岁，但也可能六岁。在我懵懂的记忆里，只有家人告诉我做好准备去上学的情景，这一情景至今还如此清晰地印在我的脑海里，就像霍勒·利夫莱特（上帝保佑这个可怜家伙的记忆！）刚才从纽约打到俄亥俄州黄泉市的电话。霍勒·利夫莱特在电话里通知我：我的一本书将要再版了。因为一个令人意想不到的缘故，学校没有给我留下值得留恋追忆的东西。我对学校的唯一印象是：它严重限制了我的行动自由。

　　事实上，我从来就没有太多的行动自由。我的行动自由从小就被限制住了——托儿所和玩具储藏室厚厚的墙壁，把我的世界拘囿在一个很小的天地里。因为我是父母唯一的儿子，祖父母仅有的孙子，我被全家自上而下所有的人宠爱着。我们家既过圣诞节也过圣尼古拉斯节，而这样做的一个直接后果是：我拥有种类繁多、五花八门的玩具，以至于我根本无暇玩及。许多玩具一直被寂寞地搁置着，直到落满了灰尘……

　　当一个人回忆起他的童年时代，一些往事总是历历在目。

我对那些造价昂贵而造型呆板的玩具表示出极大的蔑视，只是将自己的热情全部倾注在仅有的几件远古建筑物品上。刚果愚昧乡村人们的偏见，把这些远古的建筑物品看成一种极其糟糕的东西。我却对这些古建筑物品是如此的痴迷，它们成了我童年时代最美好的记忆。所以有一天，当父母郑重地告诉我："明天早上你得去上学。你现在的这个样子一点儿都不好。"父母的话无疑在我的内心引起了一点儿震撼。

虽然，在心里，我并不赞同父母说的话，但我还是很懂事地没和他们争辩什么。既然他们让我第二天去上学，那我就上学好了。我只是问家人："明天，我应该什么时间去上学？"家人告诉我应该9点到学校。在我被迫进入这个令人乏味、备感窒息的师范学院时，我还太小，对上学全然没有概念。接着出现的这件事情，虽然发生在很久以前，但给我留下了不可磨灭的记忆。那时候，我已经会数数了，但还没学会如何看闹钟。因此，当我被告知"9点开始上学"时，我的心立刻被快乐塞得满满的，我理所当然地认为早上从1点开始，而9点距离1点有很长一段时间，在我不得不收拾起玩具去学堂之前，我自己实际上将会拥有一整天自由快乐的时光。

但第二天一早，我就发现自己错了。在我喝完燕麦粥之后，家人马上把我裹进一个厚厚的羊毛围脖里，同时给了我两个草莓果酱三明治、一个苹果和一条干净的手帕，并叮嘱我要做一个好孩子，努力学习，争取成为整个家族的荣耀。然后又催促我必须加快动作，因为现在只差10分钟就9点了，上学时间马上就到了。

家人的话让我呆住了，我突然意识到一个极为可怕的现实：

上学路上的风景

这个世界完全缺乏逻辑！是什么使得人们称早上的第二个小时为9点？这是不正确的，可以说完全是匪夷所思！说来也许大家不会相信：我到现在都没有从这件事带来的突然打击中恢复过来。这就是为什么我的屋子里只有船钟的原因。船钟遵循着近乎疯狂的时间规律，而且拥有许多疯狂的方式，最重要的是，它们与学校没有任何关联。

是的，我是非常不喜欢学校的，但这不完全是学校的错。我就读的学校是一所再普通不过的学校，与其他学校相比，不好也不坏。我们认定学校是我们"共同的不幸"，关于这个话题，我们在这里暂时打住。那件事情之后，我一直试图寻找，为何与这个令人兴奋的世界的启蒙第一次接触是一个如此残忍的欺骗？

　　毫无疑问，在这座黑暗、古老、令人沮丧的建筑物里充斥着各种各样的启迪和教化。但我不喜欢这种灌输的方法，我似乎已经本能地意识到（甚至在孩童时代，虽然我不是一个聪明的孩子），这样的教育无异于一种填鸭式教育。

03 在小学的日子里

对我的老师们来说，我一定是个令人头疼的学生。事实上，我并不是严格意义上的"坏"孩子，因为其他大部分"坏"学生在年少时都干过各种坏事，而我却是一个温和的、听话的、顺从的学生。但我却经历过许多极为痛苦的事情（从所有循循善诱的观点来看）。我天生具有想象力，而且它完全超出了我对现实的理解。或者更简单一点表达它——我总是无限地盼望有可能得到更多。

当然了，许多孩子都会在一部分时间里沉迷在白日梦当中，而我却很少从我的白日梦中走出来。我沉迷在个人的狭小世界里，这样过了大约30年。直到经历了太多不愉快的事情，我才逐步摆脱了这一毛病。

在我出生的那个时代，人们一定得花费很大的工夫去处理理想与现实之间的距离。现代化的发展，毫不经意地把加油站建立在可爱的、古老的建筑里，而现代社会对这类问题的关注远非对孩子们的关心。仅仅在半个世纪之前，当我走着去上学，途中穿过真正意义上的历史纪念馆。现在人们把这个纪念馆称作"恐怖之屋"。在"西班牙恐怖时期"，一群男女老少躲在这个屋子里，他们用小山羊的血把门涂抹成红色，狂怒的士兵错以为这里已经历过暴行和屠杀，人们因此而幸免被屠戮。古老的城门口，一个铁匠曾用一个大锤将侵略者逼到干草堆上，掩护他的邻居们安全逃脱后，他自己跳进了护城河，但却被侵略者用戟活活杀死。这里拥有世界上最古老的海军陆战队的兵营，这些兵营的历史可以上溯到17世纪。这里有古老的圣劳伦斯河教堂，它是这座城镇昔日的圣徒们根据14世纪中期设计的图纸建立起来的。这里的海港拥有大量的船只，其中大多数是帆船。船上竖立着五颜六色的、形状各异的不同国家的国旗，它们在阳光明媚的白天或者月光清冷、繁星满天的夜空里猎猎飘扬。从这些船上走出穿着奇特服装的人们，他们头上裹着穆斯林头巾或者戴着土耳其毡帽，抑或穿着阿拉伯斗篷和长长的、平滑的袍子。18世纪80年代，这个世界仍然为它的独特个性而骄傲：土耳其人没有觉得他们有必要打扮得像个荷兰人，而荷兰人想不通为什么他们要装扮得像个美国佬？因此，所有的人都或多或少地保留着自己国家特征的服饰。这里有一个6岁左右、想象力丰富的男孩，他的小脑瓜里装满了对每个国家的深刻印象。现在，把他放到一个巨型的、方正的、没有任何装饰的木质盒子里，盒子里只有一个黑板和一张盲人的世界地图。这个男孩每天从上午9点到下午1点，再从下午2点到下午4点（周三和周六除外，在这两天停止这种折磨）被关押在这里。然后让我们观察他的反应。我们注意到不久之后他开始激烈地反抗这种约定俗成的、现有的秩序，这种反抗里包含着一种在我的生命里一直存在的叛逆。我从来不接受看起来不值得我去接受的事物，但我却希望能坚持这个试验，直到有一天我开始发觉当地承办者这一愚蠢安排的瑕疵。因为这个实验完全没有考虑实验者另外的一些个性差异。

令人庆幸的是，我从母亲身上遗传了快乐的性格，无论我是否曾经是个叛逆的孩子，我基本上是一个快乐的人，而且是"令人发笑的哲学家"小组成员。我们知道没有什么可以妨碍我们微笑着说出实话，没有什么可以防止学问变得有趣和有用。

04 我得到了梦寐以求的书

如今，我要特别关注一本书。这是一本几乎没有人看过的"书"。作者在荷兰完成了他的写作，但并没有付梓出版，甚至连母语版本也没有。我只曾在我祖父母的藏书室见过它。

在我大约10岁的时候，祖母突然去世了。虽然祖母的去世并没有令我特别的难过，但是作为祖母唯一的孙子，我必须得流泪痛哭。事实上，我几乎完全不熟悉这位举止高雅、令人尊重的女士。在那个年代，当地的百岁老人和他们的孙子们之间是很不容易互相亲近的。但是，当祖母去了天堂（多年前去世的祖父是不是也去了那里？），我作为一个有良心的孙子，更应该用一条干净、精致的手帕捂着自己的眼睛，给人一副极度悲痛的样子。

唉！事实上，我的悲痛混合着一种罪孽深重的想法。"眼下。"我自言自语，"作为祖母唯一的孙子，我可能会被问到是否需要亲爱祖母的一件东西作为纪念品！"我倾向于能够拥有那本图解历史的书，我希望别人能听到我的祈祷，那么，我将充满自豪并幸福地拥有我渴求的东西。

　　我倾向于能够拥有那本图解历史的书，我希望别人能听到我的祈祷，那么，我将充满自豪并幸福地拥有我渴求的东西。终于，我得到了梦寐以求的书。

　　我得到了我想要的那些书，使得这个冗长的故事能够延续下去。那天，两个巨大的、搬家用的有篷货车在我的家门口停下。货车里装满了家具，这些家具都要存放到旅馆里。我小心地看着人们陆陆续续地把桌子、椅子及橱柜搬到了屋内。直到人们卸下了一架庞大的钢琴，我感到我的心开始一点点地下沉……但就在这时，那三卷书、我一直惦念的书出现在我的视野里。

　　当天晚上，我是在这几卷书的陪伴下进入梦乡的。

　　是什么使得这些书没有和其他书放在一起？这些书里满是图画，大约有上百张，不，应该说有上千张！对于这些书内在的艺术价值，我倒是说不出来，但他们能够给我展示一个学校教科书不能展示的世界：一个惊心动魄的、灿烂辉煌的、生动鲜活的世界。这个世界里的一切并没有随着时间的流逝全部消失，而是存在于我们周围世界的某个角落里。我需要做的全部事情是：拿上我的帽子和夹克，步行半个街区。这时，我就成了书里描述的世界的一个组成部分。

　　我的学生生涯最重要的那些年，这三本书一直是我稳定的伙伴。后来，我去了一家寄宿学校，学校反对学生携带任何私人读物。我只好把我忠诚的书伙伴留在家里，被迫成天与仁慈的老师们及他们发给我的那些教科书待在一起。

　　这些事情发生在40年前。我有理由认为，事态就是从那时起开始发生变化的——我开始渐渐变得憎恨这些教科书。在我应该为自己以后的"职业"做准备的那几年，这份厌恶的情绪为我的"悲哀的记忆"作出了重要贡献。对于我未来应该从事什么样的职业，似乎没有人有能力预测到。我的老师们预言：如果我努力学习，把我的勤奋都用在算术这类简单的问题上，也许有一天我会成为杂货仓库的发票管理员。而我的父母私下里则对我的前途充满了绝望。远方亲戚的预言是：我会持续很久地居住在一个女王陛下无暇关注的拘留所。剩下的人对我能够找到工作不抱任何希望，他们耸耸肩说：哦，那好，有一天他可能会去美国的。

这些话只有一部分是正确的。我以后的确去了美国，但直到今天，我都没有机会在杂货仓库开过发票。相反的是，我度过了多年快乐的日子。我给我的孩子们各种教科书，那是我在那个年龄时曾希望拥有的一些教科书，借此来弥补我青年时期那段沉闷的日子。我认为：当一个人正处于对外界敏感的年龄，一本简单的书就可能会影响这个人的整个未来。

听起来似乎我在小题大做。教科书就是教科书，正如时刻表就是时刻表一样。这正如我们曾经认为的那样，但铁路公司不久就有了更深刻的认识。他们需要乘客，并且他们认识到要有效建立铁路与乘客之间的互利互惠关系，首先要从制定一个吸引人的、令人感兴趣的时刻表做起。学校老师和出版商由此慢慢受到启发并开始仿效，但他们真正贯彻这一想法却花费了太长的时间，甚至直到今天，他们中的许多人还没有意识到这些不起眼的书籍的作用——这些普通、日常的教科书可能会影响一个学生的一生。这些书是一个学生成长过程中对社会的最初接触，若干年后，社会就要求他对社会作出自己的贡献。他们能否在科学、文学、地理、历史等所有重要领域成就自己的未来？如果一个智力正常、接受中等程度教育的人想取得成功，他有必要让自己了解所有这些非常重要领域的任何信息的微小的变化。

我并不是说教科书应该以包裹着糖衣的形式提供给学生，我们许多老师（这些老师是真正害怕他们管理的那些小人儿）都用甜言蜜语来说服这些嚣张的年轻的宠儿："请咽下它，不要做什么鬼脸！"

大自然不相信捷径，我已经认识到，什么事情最终都需要付出代价的，所以，上帝让我们远离教科书，这些教科书是基于我们称之为"捷径"的迂回路线。

但是，我很感激我能在有生之年看到教科书的曙光，作者、发行商和制造商在教科书上花费了足够多的时间和精力，他们愿意把教科书办成商业领域的畅销书。

在这些优秀的教科书风靡整个大陆之前，仍然有许多工作要做。令人遗憾的是，许多学校官员（比对我们的高校当局的例子）是如此沉迷建造新的建筑物、新的大礼堂、游泳池和运动场，直到有一天他们突然发现预算耗尽，以至于没有希望再去买任何迫切需要的、极大改善了的教科书。这些书会对子孙后代的生活和思想产生巨大的影响，远远超过了那些大理石大厅对青少年的影响。青少年穿过大理石大厅走到那些漂亮的桌子跟前，这些桌子是根据最新的科学规范制造的。但在许多情况下，这些科学规范是不能承载最重要的、我们所有的教育成分的重负——

本明智、理性出版的教科书。

正如经常发生在"大矛盾"时代的机械工业的进步超越了纯手工工业。对我们来说，如果有一天作者和发行商赶上制造商，这将是一件奇妙的事情。

05 我的大学时光

这个故事发生在1902年7月初一个非常炎热的日子。那一天，天气异常酷热难耐，政府颁发了终身成就奖。三天前，我抵达了美国，我来美国并没有什么特殊的原因。我只是想到处走走看看。与澳大利亚、亚洲相比，美国似乎离我更近一些。而在非洲，我可以有成功的机会，但因为一大群邪恶的荷兰农夫们已经把战争强加给了无准备、无防御的大英帝国，并且，像我这样名字和相貌非常纯正的荷兰人，在开普敦是不会受到欢迎的。因此，我决定去美国，但我真的不知道我去那儿该干什么。

因此，毫无疑问，一个非常不适宜的年轻人却有着强烈的信念，想要学习12门他什么也不懂的课程。而对他了解很少的人，对他抱着强烈的偏见。他在古老的港口霍博肯上了岸，准备去一个未知的目的地，同时，热情地邮寄了打包好的包裹，从森雅寄到俄亥俄州的斯普林菲尔德。上苍眷顾了他的命运。恰好我有一个叔叔和一位富有奇特魅力的美国女士结了婚。实际上，这位女士不该住在一个小荷兰城市，生活在非利士人的环境中。她恰巧认识一位受海牙政府正式委托担任历史顾问的重要人物，这位人物是为了弄清楚已故总统克里夫兰

非洲

与已故勋爵索尔兹伯里（认为那实际上是很久以前一个名人的名字而不是香烟的牌子）之间的荒唐的争吵孰对孰错。他们之间的争吵涉及美国政府和委内瑞拉政府的内政外交事务。由于这位名不见经传的朋友的忠告，我在美国的一所大学度过了几年时光，我学习了美国通用的语言，还有流行的举止，并且习惯了这个陌生的新国度的环境。

　　就这样，在1902年7月炎热的夏天里，在异常酷热的某一天，

我游历了许多大山

我驾车行驶了几个小时，游览了许多大山（尽管我认为我以前曾在欧洲见过一些比这更美丽的大山，但我学会了不再流露出这种没有爱国心的想法）。那天下午晚些时候，我到达了美国纽约汤普金斯县伊萨卡镇。

在那里，我会晤了一位大人物，如果我用大写的黑体字书写他的名字，是因为他的完全无私的奉献精神，他的骑士风范，他是高贵品质的典范，但他可能永远不会原谅我。他游历过世界许多地方，是圣弗朗西斯一位值得尊敬的同伴，也是必不可少的一位重要人物。一旦我说出他的无私行为，所有优秀的康奈尔人就会知道我说的是谁。在漆黑的夜晚，我完全不了解地形，他引领我爬上了陡峭的山顶，在那儿，我第一次饱览了夜晚的康奈尔美景。

我们头顶上，数不清的星星在漆黑的夜空中闪耀着，这样的景象，我在水气弥漫、灰蒙蒙的低地国家的天空中从没有看见过。许多房间的窗户透出了明亮的灯光，有些房间甚至传出了乐曲声，我不知道它是高雅的音乐，还是通俗的音乐，但这一切是无关紧要的，在这样的场合下，所有的音乐都是悦耳动听的，这是我在康奈尔上暑期班时看到的景象（在白天，我怎么也描述不好这一景象）。

我记得，康奈尔图书馆是全天开放的，我习惯了欧洲图书馆堂皇的、幽暗的氛围，但是，我也喜欢康奈尔图书馆的气氛，我喜欢兴高采烈、来来往往的男孩们脚步轻快地经过矗立在校园里的纪念碑。那座纪念碑是由黑色花岗石雕成的，是著名的、曾引起争议的中年康奈尔的塑像。在这里，友好的、举止优雅的人们常常愉快地聚集在一起，学习和探讨问题，这是一幅和谐温馨的画面。处在这样怡人美丽的环境中，人们相互之间更和睦，生活更幸福。

第二天早晨，我对康奈尔的美好印象更加深刻了。同伴带着我去了湖边，在那儿，从远处看，我看见了高高的小山，小山上有许多小塔——那是建筑物的房顶。每隔一会儿会传出奇怪的曲调，中间夹杂着奇怪的叮当响的小音调。这种声音听得太多了，因而成了康奈尔形象符号的一部分，以至于康奈尔的毕业生们在莫斯科和北京时，把一把汤匙掉落时产生的回音当成是他们所熟悉的声音，这会使他们突然感觉到又恍如回到了学校。他们内心深处产生了感悟，对往事的由衷回忆已深深埋藏在心灵的深处了。

然后，那天下午，我们到了图书馆的精品藏书楼，做了一次短暂的拜访——在白天，明亮的光线下，藏书楼看起来缺乏一点浪漫的气息，看起来更像是一间设施良好的监狱。但这就是使康奈尔大学闻名于世的三大间珍品书籍收藏屋。在这儿，所有的学者们聚集在一起获取满意的精神食粮，交流学术思想，学者们的远见卓识深深打动了我。

四天前，我乘坐的轮船朝着纽约港航行，船上一些人谈论"前方屹立着现代社会最伟大的文艺复兴城"，我找到了一句和康奈尔思想相符合的惯用套话。"这儿，在阿贝拉尔的影子下，矗立着美国中世纪最伟大的学院。"这令我想起了富尔达和希尔德斯海姆以及许多早期的中欧神学院，我也想到了不当权的蒙昧的日耳曼人或许学会了有用的读写技能。如果在那时，卡罗勒斯自己骑上了他强壮的马，看到他和令人信赖的艾因哈德——他的朋友，也是他的女婿——谈论高贵的阿拉伯语国际象棋的技巧，我应该不会感到惊奇。

但是，同一天晚上，当我讲述这一切时，我不能把我想要表达的意思完全表述清楚明白。"等你了解我们更多一点吧！"我的同伴说道，同时把他的名字刻在荷兰厨房中间的桌子上（刻名字是当时新潮的玩意），"等你更熟悉我们的时候吧！然后你会理解，在我们周围没有什么中世纪的思想，但我们领先于东方的其他学院，并且不久在各方面会比他们更好。明天，我领着你参观工程学院的大楼和基础农业学院，那里没有中世纪的影子。"
的确，一点儿没有。

我要谈到的不仅是我们真实的埃兹拉·康奈尔，他蓄着奇怪的山羊胡子，具有敏锐的判断力，宽容的智慧，而其他的人，如约翰和威廉姆斯以及彼得在我们的文明社会的爱默生时代，选拔和培养并扶植了新一代接班人。对于西半球的伟大的工业帝国的创办者来说，康奈尔毕业的学生可能是称职的接替者，这些学生也是实用主义者。他们在冷漠的环境下进行体能训练，让人打哆嗦的起居室、冰冻的水龙头，就是最好的训练方式。它们仅是男人所进行的体能训练。他们相信对于所有的人类，无论男人、女人，无论肤色，不管他是黑种人、白种人还是混血人种都有享有平等的权利。他们从来没有听说过八小时工作制，他们甚至嘲笑一周工作40小时的想法，他们又给熟悉的信念增补新的人生观念："那些工作着的人是幸福的，因为他们可以享受他们的劳动成果。"

康奈尔大学的毕业生们给人留下的印象是自视清高且才智出众、固执的贵族，他们容易理解对于他们自己已经错过或他们已经能够获得的需要大量的精力和毅力的付出的，许多事物的价值所在。他们坚持让他们的孩子们继续读传统的赢得赞许的好书，和他们的孩子们进行诚实的直率的谈话，他们没有博览群书，但他们体悟到了书中的精髓。他们的书是他们家人的"至宝"。让他们的"康奈尔大学"成为那些事物的真正中心，与紧随其后的他们的特殊宗教相比，那些事物距离他们的心最近。从前，康奈尔大学的教务主任相当了解那类想要申请进入康奈尔大学的男孩子们，他们中的一部分来自于毗邻的城市或城镇的中产阶级家庭。然而，这些人仅占学生的一小部分，古老的大学院校为不同类型的人提供了丰富多彩的生活方式。而那些来自农场的学生们（"来自农场"在纽约州北部被认为是具有粗犷的性格和强壮体形的人，因为只有那些身体更结实的孩子们，才能挺过在前西尔斯罗马克公司艰苦的日子），"上大学"意味着对父母和孩子们双方来说，几乎都必须承

对于那些来自农场的学生们来说，上大学几乎是一个不可承受的负担。

  在小山上定居也多有不便之处，气候就是其中之一，小山上的天气有点恶劣。在夏季，赤热的太阳很可能把柏油马路的表面晒化成未发酵的面团。而在冬季，经常刮着凛冽的大风，吹在卡尤加冰冻的水域上，寒冷使人们想要盖三层松软的毛毯，再穿上皮背心。

受难以置信的牺牲。一名处于困境中的学生，勤奋努力地度过四年艰苦的大学生活，他就已经获得了明确的成功。他或许不适合做一名舞蹈协会尊贵的主角候选人，他或许也不够资格在里茨当一名大饭店的侍卫领班，但他知道怎样去应对他的职业生涯，解决日常平淡的生活环境所遇到的种种挫折，在他人生的路上迈出了坚实的一步，因为他已完成了他的学业，这是以他父母和他自己付出高昂的费用为代价的。他感谢他已获得的知识，怀念上大学的岁月。因为皮尔里会有钟爱的雪橇带他一起去北极。

但是，90年代巨大移民潮的到来，带来了不同的多样性的思想流派。美国中西部地区的工业发展，已延伸到了底特律、芝加哥、匹兹堡以及这一地区的其他城市，这一地区富裕的人民缺少他们原先开拓者的传统的冒险精神和祖先的半创业精神。他们坚持他们的孩子们应该享受生活，"享受生活"意味着有资格获得一个比他的爸爸现在所拥有的职位更好的职位。大学会热心地帮忙寻找一个好的职位吗？

50年来，外部社会的阶级分化，将他们的影响力施加到了我们的大学，我们的大学也受到了强烈的冲击，康奈尔——那些男孩子们享受幸福时光的乐园净土也受到了侵扰。那些男孩子们被迫放弃乐园沿着道路向前走去，直到来到布法罗大街的陡坡，把这里作为他们的欢乐之地。如果他们在摩利尔厅有漏隙的屋子里参加系列课程（该厅部分是由热心者建造的，而另一部分是在那些有独创性但缺乏经验的学生团体帮助下建造的），——那样的日子已过去了，永远逝去了。一直以来，相比任何其他事物，人们认为汽车给普通人的命运带来严重的伤害，永久地影响了人们对世界的看法。但是，就年轻人所说的一切或做的一切看来，青年时期就是这样极其强健的，生命力是朝气蓬勃的，而且期望能够完全靠自己去生存和享受生活。没有任何外力可以扼杀像这样的幸福机会。6000名青年男女聚集在基督教国家的宜人的山顶上，以他们自己觉得惬意的方式一起欢歌起舞。

一旦他们离开奇怪的嘈杂混乱的火车站的那种环境，把10分钱的硬币投进公共汽车公司的收款箱，他们就进入了完全富有青春活力的年轻人的领域内。公共汽车行驶得越来越快，飞速离开了利哈伊和拉克瓦纳，受到全体市民尊敬的伊萨卡的住宅渐渐淡出了人们的视线。公共汽车载着愉快的人们渐渐驶入了有故事的这座城市，进入了城里的普通街道，这座城市不久会成为内河航运的大中转站。可笑的是，仅这一条件就成了创建一所大学的背景。

公共汽车载着他们越爬越高，经过了这所大学睿智的创始人的旧居，"任何人都能在这里学到想学的课目"，这是康奈尔创办大学的初衷。汽车又穿越了东希尔私人小旅店（是来自纽约的贫穷的无产阶级集会者的地方）的外围地区，然后，突然间山顶到了。在伊萨卡镇可以看到远处山上的月亮，的确，有天赋的康奈尔人，有机会在小山顶上度过整整四年的快乐的学习时光，而不是沉溺于聚满男子服装店（依靠长期借款）和希腊糖果的山谷中。在伊萨卡，教堂看起来像银行，银行看起来像教堂。伊萨卡镇作为商业中心和汤普金斯县历史悠久的公共集会场所而闻名遐迩。

当然，在小山上定居也多有不便之处，气候就是其中之一，小山上的天气有点恶劣。在夏季，赤热的太阳很可能把柏油马路的表面晒化成未发酵的面团。而在冬季，经常刮着凛冽的大风，吹在卡尤加冰冻的水域上，寒冷使人们想要盖三层松软的毛毯，再穿上皮背心。但这只是根据气候学上的资料想象出的情境，实际上，这里有漫长的秋季，景色奇异美丽，也有春季。地位最低下的城镇女孩子们在埃洛伊兹和比阿特丽斯工厂区工作。但是，毕竟，在康奈尔学习可以发展思维能力，对事物可以形成自己完整的看法，思想可以不受限制地自由发展。

四、厨师长福尔哈柏的时代

我正在写关于已故的西皮奥·福尔哈柏先生的故事，他曾作为波兰国王斯坦尼斯拉斯一世的御用沙司师生活在这片大陆上。如今，他似乎作为一名服务美国民众的卓越沙司制作师，又返回了我们的星球。

我对他这种类型的人极为感兴趣。事实上，这么多年以来，我一直在寻找那些毫不起眼的公民，并打算预留出一整卷的篇幅专门来描述他们。他们"既不是大人物，也不是谈吐优雅之士，只是一群微不足道的草民"。这些人尽管默默无闻，但是他们给自己的同胞带来舒适和富足的生活。

西皮奥·福尔哈柏就属于这类人。换句话说，这就是我"碰巧"和他结识的缘故。即使这样，他也只是告诉我他的名字而已。但是上周，一个好朋友送给我一瓶皮克①。

这个朋友知道我喜欢新的体验，体味各种味道天才地混合在一起带来的高贵感觉，就像把一个人送到100万英里的高空。因为这位厨师，人们能够优雅地"进

① 一种沙司。——译者注

餐"而不只是简单地"吃饭"。我有理由相信，第一个发明沙司的人和第一个发现火的人几乎同样重要，因为他们都极大地改善了食物的口感和味道。合格的沙司制作师是既让人羡慕又让人敬佩的人，他们似乎为我们奉献了一首新创作的交响乐或者一幅未曾见识的画卷。实际也证明了这一点。从本质上讲，沙司师是缪斯王国里的一个艺术家。不过，这里既没有军衔也没有荣誉，他们有的人可以算作"优秀"，而有些人则不然。但西皮奥·福尔哈柏毫无疑问是这个行业的佼佼者。

现在，正如你可能知道的那样，去年我出版了一本书，书名很没特点：《房龙的生活》。事实上，这本书中描述了大约25种晚宴，通过这本书，我和我的朋友向久已故去的一些历史人物表达了敬意。这些人物，因为一个特殊的原因，应邀和我们一起来到一个我们喜欢的，名叫"费勒"的小山村，在这里，"一切皆有可能"。

我们邀请了值得尊敬的女士和先生们来参加我们的宴会，当然了，我们的职责是提供能让他们喜欢的食品，那意味着我需要搜寻各种古代的烹饪书。我对厨艺的悠久历史非常感兴趣，因此搜集了许多烹饪方面的资料。令人感到惊讶的是，用英语写的烹饪书很少有真正的好内容。而法国人，因为有着与生俱来的对各种美食的天赋，在他们日常菜谱的注释中，大量收藏了著名老厨师的逸闻，从这些注脚里，我获得了许多我需要的信息。

我不得不承认，我的阅读是相当随意的。有一天，我专注于一些自己曾经做过的潦草记录，这些记录是有关希腊人和罗马人的

我们的厨房

饮食习惯。希腊人和罗马人的日常饮食无疑是相对单调的，但非常适合运动员和哲学家的需要。但是，在我接着研读了中世纪君王提供给皇室贵胄的饕餮菜谱之后，无法抑制的厌恶之情油然而生。君王们认为他们有必要用奢华的宴席来显示他们的财富，以此给宾客们留下深刻的印象。他们把雄孔雀的舌头和四季豆泥混合，用柿子椒、肉桂皮和砂金粉作调料，以此来展示他们的富有。

我离开了路易十世（一个令人恐惧的大胃王）摆满了美食的桌子，赶去参加瑞典查理七世斯巴达式简朴的宴会。我对我的17世纪祖先的丰盛早餐充满了好奇，事实上，丰盛的早餐只有面包、啤酒和腌制的罗非鱼。我惊叹伏尔泰坚毅的心跳一直维持了84年，尽管这颗心每天都浸泡在30杯咖啡里。因为曾有一位精明的哲学家对他

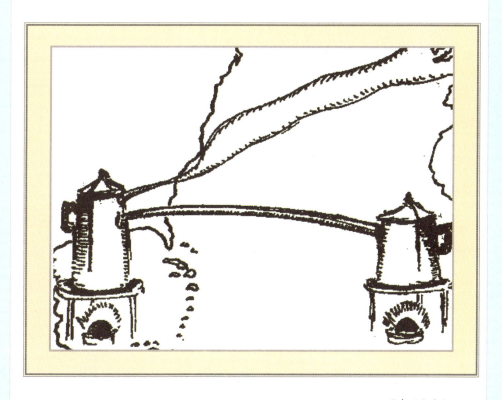

厨房里的暖流

133

宣称，30杯咖啡对于保持他的"健康状况"是必要的，而且也会使得他能够享受有规律的正常睡眠。

正如我前边所言，我读书有点随性而为又没有任何条理性，但是最终，我还是对目标人物进行了全面、透彻的研究，众多的模糊不清的人物在我的脑海里不再是一个个名字，而是一个个鲜活的、有血有肉的人，有悠久历史的和受人尊重的烹饪厨师和沙司师。

我喜欢法语的这个称呼"沙司师"，而我们的称呼"调料制作者"给人留下的印象不太好，它听起来太实际，缺少法语的那种优美的魅力。因此，每当我拿起一本古代的法国菜谱书时，我总会专注"制作完美沙司的艺术"这一章。我从一系列与沙司有关的题目中，感受到了一种愉悦。这些资料是法国亨利五世给予我们的。这位高贵的亨利五世，他不仅是世界上最伟大沙司爱好者之一，而且也是一位世界上最有才华的业余厨师。

菜谱中提到了一种高贵的"教皇沙司"，而在同一页，发明人又提到了一种令人刺激的"魔鬼沙司"。沙司代表不同的国家，例如鞑靼沙司、威尼斯沙司等。其中最令人满意的（至少对饮食简单的我而言）一种沙司，名称取自我祖国的名字——奇妙的"荷兰沙司"。我们引以为傲的星期天早餐——本笃蛋的制作要归功于这种沙司。

现在，我为你们详细介绍这个主题，我对它的兴趣持续了很长时间。这个主题与我们现行的定额配给制无关，定额配给制度要求我们每个人做自己的厨师。我在扼要地介绍之后，将要谈到我信中提到的重点：我们共同的朋友——梅特·西皮奥·福尔哈柏。

这位著名的沙司师深深地吸引了我，尽管他有着了不起并得到普遍认可的成绩，但他总是坚持待在幕后。当然了，许多人都喜欢扮演"王座后边的力量"这样的角色，愿意放弃世俗对名誉的要求。他们只要知道，是他们自己而不是别人在推动车轮前进，就足够了。梅特·西皮奥就属于这类人，他很满足于做一名默默无闻的厨师。否则他或许会得到更多的荣誉，远远超过他现在所得到的。或许他甚至会以福尔哈柏男爵大人的身份离世。但是他从不关心对他才华的宣传。请相信我，梅特·西皮奥这样的人是非常非常稀少的，是值得我们关注的人。

我知道一起非常著名的事件，这个事件差一点儿使梅特·西皮奥获得圣路易骑士勋章。这件事你或许从来没听说过，在这里，我尽可能将我知道的情况向你们娓娓道来。这些信息，是我从几十本古代法国烹饪书中很费力才搜寻到的。

可以确定，西皮奥·福尔哈柏是1773年从新大陆回来的。我在最新版本的《交易的艺术》里发现的一个便条，足可以来证实这一点。这个便条据说是来自斯特拉斯堡的西皮奥·福尔哈柏写的。西皮奥·福尔哈柏是公认的第一位到访过新大陆的餐厅领班。他那时刚刚回到我们生活的大陆，说出了他在红皮肤大陆经历的一些事情。

根据《交易的艺术》的叙述，西皮奥·福尔哈柏到达新奥尔良之后不久，他就深入内陆探险，"寻找一种罕见的草本植物"。结果却落入正在和法国入侵者作战的土著部落的手中。西皮奥·福尔哈柏没有被土著人杀死，相反地，他获得了土著人的尊敬。原来土著人对他所携带的财物中的铁器感到好奇，而土著部落里的巫师把这些铁器看成一种具有超能力的东西。

被土著部落崇拜的铁器，一定是那个奇怪形状、样子像是纸牌中的黑桃A的煮锅。煮锅可以说成是梅特·西皮奥的"商标"，而且这也使得这个冗长的故事能够继续延伸。土著人慢慢地把梅特·西皮奥团队中其他成员全部折磨致死，而这个流浪的厨师却侥幸活了下来。土著人发现梅特·西皮奥"特别擅长厨艺"，于是土著首领就命令他当了部落里的厨师。战斗中，土著人总是执意带着他一起前进，从一场战役到另一场战役。印第安勇士好像是真正伟大的战士。

根据《交易的艺术》中的描述，在一次长途跋涉中，印第安部落进入了现在的路易斯安那州的腹地。梅特·西皮奥，为印第安人所熟知的"微笑的巨人"，发现了一种还完全不被白种人所了解的草本植物。过了多年这种"漂泊的生活"后，这位微笑着的巨人成功从印第安人手中逃脱。这场紧张刺激的历险之后，梅特·西皮奥到达了法国的一个港口。之后不久，他获悉一艘轮船要出发前往欧洲大陆，就匆忙在这艘轮船上谋得了一个厨师的职位。像所有的优秀的法国人一样，他患上了极为痛苦的思乡病，他准备不惜一切代价回到故乡。

虽然梅特·西皮奥经受着船在海上的剧烈颠簸（偶尔他会感到恶心），而且还处在一群粗暴的人当中。但由于他提供给船员们不寻常的精致食物（尽管只有咸肉这种食材），因此获得了同船船员们的喜爱。当轮船到达波尔多时，船员们给他冠上冠冕堂皇的头衔：餐厅厨师德·拉萨·杜鼠·阿伊。最后，当轮船在加隆河河口抛锚时，全体船员却遭受到逮捕。因为海关官员听到传言：一种具有特殊重大意义的植物被带上船，要走私到国王陛下的领地。

当然了，这件事情发生很早之前，茶叶、咖啡和橡胶就都成了走私品。因此，我怀疑海关人员其实是在寻找烟草，因为烟草最终掌握在法国人手中，可以带来巨大的利益。而法国希望由王室来垄断烟草。

事实上，海关人员在船上没找到任何重要的东西，除了几根不惹人注意的植物，它们看起来像是西洋菜。这几根植物属于船上的厨师，一位来自斯特拉斯堡的当地人。他解释说植物是他带回来的，因为在美洲，青蛙特别喜欢这种细长的植物，而他希望回到故乡开办一家青蛙农场。因为他听说，在他离开故乡的这段相当长的时间里，人们对青蛙腿的需求一直在平稳地增长。养青蛙似乎是一项完全没有任何坏处的事情，而且无论如何也不会涉及尊敬的国王陛下的丝毫利益。所以海关人员允许这位船上的厨师保留那一小束植物。不久以后，厨师去了一个没有人知道的地方。

这是《交易的艺术》长达两页的脚注中讲述的故事，它并不是没有一点价值。我认为，即使我们从没有发现这种所谓的"西洋菜"的存在，这个故事至少给了我们一个启示。那就是，一定有一种野生的草本植物，使得西皮奥·福尔哈柏调制出绝妙的沙司，也因此成就了他的名声。现在我继续描述西皮奥·福尔哈柏其他的一

　　当轮船到达波尔多时，船员们给他冠上冠冕堂皇的头衔：餐厅厨师德·拉萨·杜鼠·阿伊。最后，当轮船在加隆河河口抛锚时，全体船员却遭受到逮捕。因为海关官员听到传言：一种具有特殊重大意义的植物被带上船，要走私到国王陛下的领地。

些鲜活的故事，以此来证明这位谦虚的厨师不为人知的一些技能。

我在版本相当新的《法国厨师》（巴黎，1741年）中发现了这些。这个故事被命名为：《一个法国厨师在最近与土耳其人的战争中的冒险之旅》。

下边这段文字所讲述的奇特故事，是完全根据原文意思翻译的，是以事实为根据去追寻西皮奥·福尔哈柏留下的全部人生轨迹。对一名职业历史学家来说，去判断故事是否有真实的基础，是否只是一些聪明的抄写员的杜撰，是一件非常不容易的事情。在这种情况下，我毫不怀疑这些事件的权威性，因为这些事件和我们有关。

顺便提一下，按照《法国厨师》中所描述的事实，进一步证实了我的判断：我们所熟悉的西皮奥·福尔哈柏的出生日期是错误的。我们可以确定，西皮奥·福尔哈柏是1733年从新奥尔良回国的，根据《交易的艺术》的陈述，他在印第安人部落做了6年的俘虏，那么他到达新大陆的时间应该是1727年之前。那么，如果按照人们普遍认同的观点：西皮奥·福尔哈柏出生于1689年，也就是说，他去新大陆时年龄是38岁。

要记住一点，西皮奥·福尔哈柏不是像欧洲北部的居民那样，移居到美洲去寻找一个新的家园。他离开他的祖国，是因为他厌倦了自己当时的生活，希望能够变换一个环境。300多年以前，一个38岁的男人应该属于年纪很大的中年人了，不应该再有机会去美洲那片荒野的，除非被冒险精神驱使。在《法国著名厨师官方指南》

书桌上的书

中，我发现了又一条令人振奋的消息。我倾向认为，普遍认可的西皮奥·福尔哈柏的出生日期是错误的，他的出生日期应该是1699年而不是1689年。

　　这只是一个微不足道的细节，只有家谱学者对此感兴趣，而且家谱学者很少会关注一个做沙司的厨师。真正重要的是西皮奥·福尔哈柏回到他故乡之后的事情。回到故乡后，西皮奥·福尔哈柏拜访了他年迈的母亲（瑞士共和国比邻的阿彭策尔州人，著名的奶酪制作师后裔）。接着，西皮奥被波兰前任国王，即法国路易十五世的岳父斯坦尼斯拉斯·莱什琴斯基任命为厨师长。

1738年，通过签署《维也纳条约》，这位波兰国王不幸失去了他的王位，但是，作为对他失去波兰领土的补偿，国王接受了法国洛林公爵领地。西皮奥·福尔哈柏很长时间不能主持前任国王楼下的餐厅工作。就在那个时候，他曾患有的旅行癖严重复发。由此导致了他差点得到贵族特权的著名事件。

这件事情一定发生在1738年以前，波兰前国王斯坦尼斯拉斯接受了法国国王（他的女婿）的堂弟的访问。这本法语书的编辑，回忆起这位年轻的亲王那时还居住在印德波兰人的那片快乐的土地上。这位编辑是非常小心的，没有写出亲王的全名，提到他时仅仅称呼他为M亲王。然而我认为，如果你感兴趣，我是能够确定这个年轻人的身份。因为人们描写他时，说他是王室血统中的最杰出的年轻人。他对当时所有亟待解决的问题感兴趣，也使得他为大家所知。

仅仅是出于天性，这位对"那个时代所有亟待解决的问题感兴趣"的年轻人，应该迟早会找到去法国洛林公爵宫廷的道路。因为前波兰国王是一个特别有能力的人。他在新首都一定居下来，就创立了著名的斯坦尼斯学院。众所周知，他把他的闲暇的时光（他活了89岁）都花在了一座巨大的、智慧的丰碑上——《哲学家全集》（巴黎1763年，重印于1866年）。甚至今天，我们仍然能从阅读这本书中获益。这位年轻的法国人和他的老波兰亲戚相处如此融洽，虽然M亲王当时正要准备前往遥远的土耳其作战，但是他把出征时间推迟了整整三个月。客人留在斯特拉斯堡的原因，既不是为老年绅士谈话的魅力吸引，也不是美味的、使得这座城市闻名的肉酱。更准确点说，吸引这位法国人兴趣的，是那些使国王餐桌增色的菜肴。

因为斯坦尼斯拉斯依然拥有他的国王的头衔。最重要的是，他像大学教授一样，从来没有失去过他在繁盛时期所拥有的高贵的称呼。

一天，M亲王评论起放在他面前的一盘沙司。在别人看来，他做出这样的举动是相当的失礼，如果这个举动是王室一个成员对其他人做出的倒也罢了。

他向斯坦尼斯坦国王询问厨师的名字。国王陛下回答说："哎呀，我亲爱的贤侄，他是公爵领地的本地人，一个简单、纯朴的家伙，他叫福尔哈柏，或者类似的名字，他的教名叫西皮奥。"

"一个好奇怪的教名。"亲王回答道，"因为他是一名哲学家，脑袋里充满了古代许多有智慧的人的思想。"

"而且也是一个奇怪的人物。你愿意和他见面吗？"国王问道。

"无论什么时候，对于天才，我总是怀有敬意，"热心的法国人回答道，"而且，我很想知道他在哪里学的烹饪技术。在巴黎，我猜测。"

"很难说，他是从新奥尔良直接来到我这里的。"

"但是新奥尔良是在美洲！"

"的确。"

"那么或许他有部分印第安人的血统,我对那些高贵的土著人非常感兴趣,他们能教给我们许多东西!"

对于这一点,国王陛下很不确定。"我认为,他只是一个印第安人的厨师,但这个厨师是唯一一个受到你所说的那些优雅的野蛮人礼遇的人,因此避免了被处以火刑。等一会儿,我派人将厨师请出来,他会告诉你真实的情况。"国王对他的葡萄酒总管命令道:"派人去请皮克先生。"

法国朋友惊奇地抬头看着国王陛下。"我记得,"他说道,"你告诉我厨师的名字叫西皮奥?"

"的确这样,但是宫廷里的每个人都称他为皮克先生。他们这样做是因为他使用样子古怪的煮锅。他用这个煮锅,制作出你刚才提到的适合你口味的沙司。沙司的配方是一个秘密。当他开始受雇于我时,在合同中坚持一条规则,那就是不管在什么情况下,任何人都不能要求他泄露他的秘方,甚至对于我,他的雇主,也不例外。我作为一个哲学家,懂得尊重每个人保护他自己知识产权的权利,我尊重他处理这个问题的方式。"

"但为什么他的名字叫皮克?"

"因为,他的那个神奇煮锅看起来像是扑克牌中的黑桃A。"

"为什么煮锅要打制成那个模样?"

"我不能回答这个问题,贤侄。但是你可以知道普通民众怎么谈论这件事的。我曾听说,皮克先生年轻的时候在法国驻马德里大使馆工作，曾对一位斗牛士的妻子产生了兴趣。一天晚上，斗牛士守在他的房子外边等候他，满怀愤恨地用盾刺向了他的心脏。幸运的是，加冕大礼中使用的那些花阻挡了凶器的刺入，我的朋友扭转了盾牌向行凶者反抗，并杀死了他。然后他抬腿跑掉了，但是没有带走斗牛士的妻子。后来听他说，逃过了劫难，是他一辈子最好的运气。

"他装扮成一个骑骡子的人，历经各种艰难险阻，最后到达法国的边界。我认为我愿意雇佣他，是因为他聪明地伪装了自己。你或许记得，我自己本身两次化装拯救了我自己。一次是我化装成农民去波兰华沙即位，不久之后，我失去了王位，并且从丹洛克逃走。等一下，他在这儿。晚上好，谢尔梅特！我亲爱的贤侄，M王子希望与你结识。这是西皮奥·福尔哈柏厨师，我最好的烹饪师。这是我亲爱的贤侄，M亲王。"

M亲王露出了迎合的笑容，并且说："听着，高贵的梅特，我为自己是个感性的人感到非常骄傲。我不相信这个有趣的故事，但你能告诉我，你是怎么得到了皮克先生这个名字的？"

"阁下，你刚才讲述的那个故事，是为了普通民众的兴趣编造的。你知道，我们艺术家不得不编造一些有时候我们称之为广告的故事。噢，有关我那形状像黑桃A的煮锅的故事，就是这样编造的一个传奇故事，结果使得我在民众中受到欢迎。因为一般来说，人们往往被这种传奇的魅力所吸引。但是我相信像您这样智慧的人是不会相信这样的故事的。

　　有关我那形状像黑桃A的煮锅的故事，就是这样编造的一个传奇故事，结果使得我在民众中受到欢迎。

对于这样坦率的回答，M亲王非常高兴。

"那么讲出真实的故事来，皮克先生！"亲王问道，"到底是怎么回事？"

"阁下，事实是非常简单的，如同生活中发生过的许多事情一样。在我年轻的时候，我不幸沉溺于赌博这一恶习。而且，我非常不擅长'雇佣兵'这类赌博。一天，在我去瑞士拜访我母亲的一位亲戚途中，在晚上借宿一个小旅馆里，偶然结识了一位意大利绅士。那时，我已经攒了一大笔钱，打算在著名的沙夫豪森瀑布附近给自己买一个小旅馆。沙夫豪森瀑布的旅行者很多，在这个地方开旅馆，收入一定会相当可观的。

"我和那个意大利绅士玩起了'雇佣兵'，结果是，我输了。当然了，那时候我非常年轻，因此也非常鲁莽。我怀疑我的对手在欺骗我，但是我找不到他的作弊证据。所以我不停地玩，也不停地输。最后，我赌他双倍或者没有，他笑着接受了。那时候，我非常想用我的砂锅猛击他的头部。他发牌，似乎又要赢了。但是，一个非常好的运气突然降临了我，我得到了黑桃王牌（黑桃A）。结果是，我赢了。

"最后，我却没有在瑞士定居下来，我不太喜欢那里的人们。因为对我来说，瑞士人太节制了，而且他们生吃食物。我决定去看看世界，世界是向一个一流的沙司制作师完全开放的。因为黑桃A使我免于破产，出于对它的感激，在巴塞尔旅游时，我找到了一个当地的铁匠，请他给我做一个形状像黑桃A的煮锅。阁下，这就是有关我的煮锅的全部故事。"

"西皮奥，"亲王回答说，"我喜欢诚实的人，而且我也喜欢你做的沙司。你愿意为我服务吗？"

"阁下，承蒙您的抬举，但是我不愿意离开我现在的好主人，他有恩于我。同时，陛下也需要我的沙司来保持沉着冷静。我祈求您的原谅，同时我非常感谢您的赞誉。但是我不愿意做出忘恩负义的行为。因此，我要拒绝您的邀请。而对于殿下给予我的荣耀，我深感荣幸。"

"但据我推测，我在整个战役期间借走你的请求将会得到国王的应允。我承认，本质上我是一个不喜欢战争的人。在我看来，战争实在是一桩荒唐的买卖。但是我的地位决定了我在即位前必须参加至少一场战役。奥地利人正在和土耳其人打仗。这只是一件微不足道的事情，因为我们必然会摧毁这些异教徒。尽管如此，我必须率领一万人的队伍向那座小山进发，进行一场战役后，再从小山的另一头走下来。如果你愿意跟随着我，你将看到整个世界。奥格斯堡、萨尔茨堡、维也纳——帝国的首都；贝尔格莱德白色的宣礼塔，荒凉的瓦拉几亚草原，他们都将属于你。如果我能和陛下采用一种对我们三个都公平的方式，来解决目前的这个问题，你有什么要说的吗？而且我只在这个小战役期间带走你，战役一旦结束，我会履行承诺，把你安全送还给你的主人和你的家人。"

"阁下，我还有一个条件。"

"是什么？我的朋友。"

"那就是，当我服侍您的时候，我必须同样坚持我和陛下签署的那份合约。我的沙司秘方仍然只属于我自己。"

亲王马上同意了。这就是前印第安人的厨师、如今尊贵的M亲王殿下的行政总厨西皮奥，身处一个环境条件非常恶劣的瓦拉几亚村子的原因。他住在当地农民的一间条件极其糟糕的茅草房里。但是他一如既往地以精湛的厨艺为主人准备食品，如同在斯特拉斯堡公爵宅邸的厨房一样。

至于法国军队和可鄙的异教徒之间的战争，显然让我们大失所望。当时俄罗斯人的军队已经撤退，而奥地利人半真半假地打了一仗，就已经得到了他们想得到的东西——阿尔卑斯山的特兰西瓦尼亚周围的几千平方英里的土地。成群的异教徒从色雷斯冲出来，人数越聚越多。那个法国年轻人和他的小骑兵部队，发现他们已经没有希望在数量上超过异教徒，所以丢下了自己的装备逃离。结果他们的处境变得更加令人绝望，除了投降，已没有别的出路。

然后，亲王派一位军官拿着请求休战的旗子来到了土耳其人的大本营。并且邀请尊敬的土耳其国王殿下和他的部下，次日共进晚餐。"作为有教养的绅士"，他们将要讨论停战的事情。

浪费无辜的生命是一件愚蠢的事情。土耳其的将军勉强接受了私下会面的请求。亲王一收到同意见面的答复，立即派人叫来他的行政总厨西皮奥。

"坐下，我的好朋友。"他说。使用他称呼所有仆人的说话语气，因为他是一个真正的哲学家，相信所有人的智商都是相等的。

"坐下来并且好好考虑一下！明天，我将不得不宴请河对岸的野蛮人，我们的处境是危险的。目前，只有一件事情能拯救我们，那就是你的厨艺！给他做一顿他从来没有吃过的晚餐，用这种方式，通过抓住他的胃，来打动他的心。"

"阁下，当然我会尽我所能的。但是恐怕不会太容易的。我只有一点不新鲜的羊肉。"

"那么把这一点不新鲜的羊肉做成适合上帝口味的美食吧。我知道你能做到这一点，因为你有秘方——你的沙司。"

皮克先生答应他会尽他所能，事实上，他很好地做到了这一点——他施展了最高水平的厨艺。土耳其司令官，这位前突尼斯海盗，恐怕也是一名最无情的苏丹①官员，被这样精美的晚餐完全震住了。土耳其司令官因此产生出置身瓦拉几亚大荒原的感觉，态度变得柔和了许多。土耳其司令官通过他的译员（一名来自阿德里安堡的希腊人），表达了他很满意这样的特殊招待。深夜，当亲王巧妙地暗示投降的条款，土耳其司令官先摸了三次胡须（一个明确表示友好的标志），然后，对他自己的译员说了如下亲切友好的话：

"告诉这只信奉基督教的肮脏的狗，如果他愿意把他的厨师送给我，我将给他和他的那几个可怜的马贼自由。那个家伙用沙司做的烤羊肉很好吃。"

亲王意识到事态毫无转机，明白自己只有接受土耳其司令官提

① 伊斯兰国家最高统治者的称号。 ——译者注

　　在法国人自己的军营里，法国王室的成员被逼亲眼目睹了一场西皮奥遭受的残忍的刑罚。八个强壮的土耳其士兵，把可怜的梅特·西皮奥按倒在地，使他动弹不得。行刑者拉掉了受刑者的鞋子，准备开始第一次的杖击。

出的条件，否则别无选择。因此他派人请来他的厨师，悲痛地向厨师解释："哎呀，或许在短时间内，我们要被迫分开了。但是，不要灰心，我亲爱的西皮奥，我将尽可能坚持让他们礼待你。"亲王告诉皮克先生，"我敢肯定，他们会在苏丹的宫廷里给你一个较高的地位。因为据说苏丹是一个有教养的人，而且对我们法国文明情有独钟。只要你到达君士坦丁堡，我的堂兄，也就是国王，会吩咐他的大使采取必要的方法让你获得自由。如同我看到的，这样做只是你杰出的职业生涯中一个短暂的停顿，并且把我们大家从长期的监禁中救了出来。"

"当然，我总是尽全力为殿下您服务，"西皮奥·福尔哈柏回答道，"我也会按照殿下您的吩咐去做。"

正在这时，译员打断了他们的谈话。"我的主人还有另一个要求，"他宣称，"厨师已经投降了，他将以向我的主人交出沙司的秘方为荣。"

皮克先生听到这些话时，他正昂首挺胸地站立着，右手紧紧抓着从来没有离开过他的小煮锅，用鄙夷的口气对译员说："出生低贱的东西想要侮辱有着高贵血统的人，告诉那个顶着马尾的家伙，我是法国上流社会的一名厨师。我们法国厨师从来不会出卖我们的秘方。"

当翻译委婉地把这些话翻译出来时，后果可想而知。土耳其国王粗暴地朝地上吐了口痰，怒火完全笼罩了他。暴怒之下，国王的整张脸部都扭曲了，他恶狠狠地吐出了一句话。当翻译把国王的话翻译出来时，他的嘴唇在颤抖："这个卑贱的厨师要么说出沙司的秘方，要么被杖打25下。每隔两个星期打一次，直到他交出秘方。"

众所周知，对有经验的土耳其行刑官来说，杖打10下，就足以置一个普通人于死地，而杖打25下则是闻所未闻的重刑。皮克先生的手没有察觉地颤抖了一下，但他没有让任何人感觉到他的害怕。

"你有什么说的，罪犯？"停了一会儿，翻译问。土耳其司令官一拳打到翻译的头上，使得翻译想起了自己的职责。

"我已经给了你我的回答，"梅特·西皮奥骄傲地回答道，"我不会交出什么的，我要保持作为一名法国厨师的尊严。"

这个时候，亲王为了帮助他钟爱的厨师，决定上前干预紧张的局面。但这使土耳其国王的怒火再次爆发，他命令立即、当场对西皮奥实施惩罚。

听到这句话，亲王跳了起来，并拔出了剑，但是紧急准备就绪的土耳其士兵，马上夺走了他的武器。就这样，在法国人自己的军营里，法国王室的成员被逼亲眼目睹了一场西皮奥遭受的残忍的刑罚。8个强壮的土耳其士兵，把可怜的梅特·西皮奥按倒在地，使他动弹不得。行刑者拉掉了受刑者的鞋子，准备开始第一次的杖击。

当这些残忍的刑罚施加到西皮奥的身上时，这位厨师没有因为害怕而发抖。在他准备接受悲惨的命运时，他对他的主人说出这样的话："殿下，我向您提出两个请求。"他用一种平静的语气，就好像在熟悉的厨房里，熬制著名的路易斯安那羹汤，要求多加一点龙篙醋到熬熟的鸡蛋上。"如果殿下您能够幸运地回到斯特拉斯堡，请告诉我的母亲，她完全没有理由因为她儿子的死而蒙羞。还要告诉我在法国的同事，直到最后时刻，我仍然忠实于我们古老的宗教信仰和高贵的厨师行业规范。"

梅特·西皮奥这些话刚一说完，行刑官就把他拉平了，打了他第三下。西皮奥一下子失去了知觉。第四次杖击后，他的脚毫无疑问地被打断了，再也不能恢复正常了。非常幸运的是，一支克罗地亚的轻骑小分队接到命令，到后方掩护奥地利大部队。他们恰好此时出现在行刑点，并且立即意识到这里一定发生了什么。克罗地亚人凶猛地袭击了土耳其人，门外的几个卫兵也很快就被驱散了（他们破门而入，惊奇地发现了一个快要被折磨致死的基督徒）。克罗地亚人杀死一半的土耳其人后，其余的人马上就投降了。克罗地亚人把投降的土耳其人带到外边，绞死在附近的树上。

这时土耳其国王已经被囚禁了，关在一间房子的地下室里，等待对他的命运的宣判。6个长相野蛮的克罗地亚人看守着他。只要有一点点机会，这些克罗地亚人就会当场割断土耳其国王的喉咙。但是法国亲王坚持根据国家严格制定的法律去处理这件事情。第二天天还尚早，一个正规的军事法庭就开庭了。土耳其国王因犯有"企图刺杀罪"而被正式判处死刑。

梅特·西皮奥忍受着剧烈的疼痛，在几乎不能站立的情况下，坚持要求亲王能允许他参加处决。在绞绳绕到这个异教徒的脖子上之前，西皮奥请求允许他对这位前刽子手说几句话。

亲王欣然同意："但是，你千万要保持冷静。因为你的身体还很虚弱。"亲王冲上前去扶住自己钟爱的厨师，以使得他尽量能少受点痛苦。事实上，西皮奥·福尔哈柏说话的声音很低，更像是耳语，他根本不能抬高声音说话。为了方便起见，翻译紧挨着西皮奥站着。这些话是西皮奥对翻译说的：

"告诉你的主人，向这个魔鬼表达我的祝福。让这件事情成为他的一个教训，不要再轻易践踏一个法国厨师的荣誉。"

梅特·西皮奥，因为非凡的勇气以及高尚的职业贡献，在他高贵的雇主心中留下了深刻的印象。之后，亲王立即派人送快信到巴黎。提议说，厨师西皮奥的行为明确无误地证明他拥有一个贵族的内心，也应该在名义上给他一个贵族的身份，并建议提升西皮奥做圣路易斯教堂的会员。如果这一切事情办成了，西皮奥·福尔哈柏将以福尔哈柏·德·西皮奥阁下的身份闻名于世。但是不幸的是，亲王在回家的途中，在一场决斗中，被一个臭名昭著的匈牙利男爵杀死了。因为那个男爵说了许多贬低一位女士的话。而这位女士正是亲王殿下深爱了多年的女友。而他寄给尊贵的大法师和高贵的圣路易斯大教堂的信，从没到达目的地。这些信随同亲王的一些行李，一起落入一帮可怕的潘都尔强盗手中。这些强盗比已经被镇压了的土耳其强盗还要厉害。

当西皮奥听到这个消息时，他已经回到位于斯特拉斯坦堡的斯坦尼斯拉斯国王的宫廷，他起初倾向于接受朋友们的建议。朋友

克罗地亚人凶猛地袭击了土耳其人，门外的几个卫兵也很快就被驱散了（他们破门而入，惊奇地发现了一个快要被折磨致死的基督徒）。克罗地亚人杀死一半的土耳其人后，其余的人马上就投降了。

们建议西皮奥应该让高贵的主人关注这件事情，他的主人毫无疑问会愿意采取必要的措施去处理它，那么，M亲王的愿望就可以实现了，而梅特·皮克又得到了应得的荣誉。但是经过几天的深思熟虑后，西皮奥恳求把那件事情放到一边，不要再考虑了。

"毕竟，"他对斯坦尼斯拉斯国王说，"我不仅是一名厨师，也是一名哲学家和绅士。对我来说，叫什么样的名字有区别吗？只要人们知道我是世界上最好的沙司制作师，只要无愧于古代受人尊敬的沙司行业的活跃成员这一身份，就足够了。"